砂漠と草原の遺宝

中央アジアの文化と歴史

香山陽坪

講談社学術文庫

目次

砂漠と草原の遺宝

中央アジアの文化と歴史

本書中の国名は、原本刊行時（一九六三年）のものです。

また、本文中で「現在」「最近」「今の」などとある場合は、原本刊行時を基準としています。

学術文庫化にあたり、編集部による注記を〔　〕で括って挿入しました。

失われた文化を求めて

中央アジア古代史の史料

中央アジアの古い歴史――ことに、七、八世紀のアラビア人の中央アジア征服以前の歴史はあまり明らかではない。

なるほど、ヨーロッパの学者や、ことにわが国の東洋史学者は、西域史とよばれた中央アジアの歴史の研究において輝かしい業績をあげてきた。しかし、それらの研究の史料となったのは、断片的な古代ペルシアの碑文、ギリシア、ローマ、アルメニア、シリアなどの地理学者・歴史学者の伝聞にもとづく記事、それから量的にも質的にも最も豊富な中国の歴代の史書などである。中国人は漢の武帝の時代に、張騫《ちょうけん》によってはじめて中央アジアについて知るようになり、その後、時代によって消長はあったが、中央アジアと政治的・文化的関係を保っていたので、中国の文献には中央アジアにかんする記録がかなり多く残っている。しかし、中国人の勢力が直接及んだのは、だいたい中央アジアの東半部、現在新疆《しんきょう》とよばれている東トルキスタンにすぎない。その西方、パミール高原のかなたにひろがるはるかに広大な西トルキスタンにかんする知識は比較的貧弱である。したがって、多く中国史料にもとづくわが国の学者の中央アジア史研究は、だいたい東トルキスタンに限られているようである。アラビア人の中央アジア征服以後、アラビア語、ついでペルシア語、トルコ語によって中央アジアの地理や歴史の書物が多数つくられ、そのなかには古い伝承を取りいれているもののもあるが、結局、時代のへだたった編纂物《へんさんぶつ》であるため、その史料的価値はあまり高くない。

このように、アラビア人征服以前の中央アジアにかんする史料はきわめて零細で断片的で、歴史家が最も必要とするその時代の人々がみずから残した根本的な史料がほとんど存在しない。なぜそのようなことになったのであろうか。ここに一つの解釈がある。ホラズムが生んだ偉大な学者の一人、十―十一世紀のアル・ビールーニーはその著書のなかで、七一二年にアラビアの将軍クタイバはホラズムを征服すると学者を追放したり殺害したりして、彼らの持っていた文献を湮滅《いんめつ》させてしまったと述べている。クタイバがどのていど、原地民の古い文化や伝統の破壊をおこなったかは明らかでないが、このようなできごとは当然考えられることである。しかし、文献をふくめて古い文化が滅びてしまったのは、あいつぐ戦乱のためだけであったろうか。

十九世紀にヨーロッパ列強がアジア経略に乗り出すとともに、中国の西北辺境、東トルキスタンに多くの旅行家・探検家がおとずれ、未知の秘境の姿が紹介されはじめた。とくに、十九世紀末、二十世紀初めに、東トルキスタンでヘディン、スタイン、ペリオ、ル・コック、その他の学者の学術探検隊の調査がおこなわれ、空前の探検ブームがおこり、国際探検コンクールのような状況を呈した。わが国からも西本願寺が橘瑞超《たちばなずいちょう》を派遣している。しかし、注意せねばならないのは、この中央アジアの探検ブームというのは、中国の中央政府の統制のあまりおよばない東トルキスタンのことで、すでに帝政ロシアの主権が確立されていた西トルキスタンではないということである。これらの学術探検隊は多数の貴重な蒐集品《しゅうしゅうひん》を本国に持ち帰り、世界の学界を驚嘆させたが、その大部分は幾世紀ものあいだ砂漠に埋もれていた廃墟《はいきょ》のなかから発掘したものであった。中央アジアでは、かつて栄えた都市や村落が砂漠に埋もれてしまい、そこに栄えていた文化は人々の記憶から消えてしまった。なぜ中央アジアの都市や村落が砂漠のなかに埋まってしまったのであろうか。

シルク・ロード

中央アジアといえば、だれでもすぐ思い出すのは〈シルク・ロード〉（絹の道）ということばである。このことばをはじめて学問的に使ったのは、十九世紀のドイツの地理学者リヒトホーフェンであるが、現在、われわれには本来のドイツ語より〈シルク・ロード〉という英語のほうがなじみになっている。東の中国世界と西の地中海世界とを結ぶいくつかの交通路を人間は古くから知っていた。この東西の通路は、だいたい、小アジアからイラン北部を通り、アム・ダリア川上流を渡り、西トルキスタンにはいり、パミール高原の東南をめぐるか、あるいはその西北方を迂回《うかい》してシル・ダリア川の上流に出、天山山脈を越え、東トルキスタンのタリム盆地に下り、中国西北部をよこぎって長安や洛陽《らくよう》に至るものである（シルク・ロードの径路は時代によって多少異なりかならずしも一定していない）。もちろん、街道の秩序が保たれ、宿駅が整備され、キャラヴァンが往来するようになったのは、人間がこの交通路を知ってからはるかにのちの時代のことであるが、中央アジアを経る東西の交通路はひじょうに古くから知られていた。その一つの証拠となるのは、西アジアのいわゆる〈肥《ひ》沃《よく》な三日月地帯〉におこった原始農耕文化の遺物、彩文《さいもん》土器が中国でも見いだされることである（もっとも、中国の彩文土器の中国起源説もあるが、ここでは西方説による）。また中国人に中央アジアにかんする知識をはじめて伝えた張騫自身も、東西の交易が早くからおこなわれていたことをものがたっているし、彼が遠く西方に旅行することができたということそれ自体、この交通路の存在をものがたるものであろう。張騫以来、中国には西方の文物が伝えられ、インドの仏教もこのルートから中国に伝わり、中国僧侶《そうりょ》は仏典を求めて、このルートによってインドにおもむいた。なかでも、唐の時代には、その都の長安では西方の異国趣味が喜ばれ、それは唐の文化を輸入したわが国の奈良時代の美術・工芸にもうかがうことができる。中国からは、この交通路の名称のように特産物の絹が西方に運ばれた。また中国のもう一つの特産物である紙が西方に伝わったのは、シルク・ロードの覇権《はけん》を争って唐の軍隊が七五一年アラビア軍にタラスでやぶれた結果である。すなわち、その陣中にいた製紙職人が捕虜となってサマルカンドに連行される。

このシルク・ロードなるものは、中央アジアのステップ（草原）や砂漠のなかに点存する定住農耕民の居住地点を連絡したものである。シルク・ロードの北方、アラル海やカスピ海の北、西はウクライナ、東はモンゴリアにおよぶ広大な地域はステップで、ここは遊牧民の本拠である。元来、遊牧生活は歴史的には比較的おそくはじまったものであり、また遊牧民は定住民なしには存立することができず、一方、定住民も遊牧民の生産物が必要であったので、両者の共存関係が生まれた。遊牧民と定住民のからみあい、これが中央アジアの歴史の大きな特色である。

考古学的史料

これまで、中央アジアの歴史の研究は、種々さまざまな種族の興亡、外国勢力のひんぱんな侵入、それにともなう王朝のめまぐるしい交替だけが主として問題にされ、その社会は最初から十九世紀に至るまで封建的停滞をつづけていたかのように思われていた。また中央アジアの歴史的役割は〈シルク・ロード〉ということばによってあらわされるように、東西文化交流の面のみ強調され、中央アジア独自の歴史と文化はほとんど無視されていたきらいがある。はたして事実そうであったか。

中央アジアの歴史についてのこのような理解のしかたは、これまでの研究者の問題意識によるところが多いが、それを正し、中央アジアの歴史——とくにアラビア人征服以前の歴史

カラ・テペ（前3000年紀）の発掘

を明らかにするには、これまでのものよりいっそう確実な史料を豊富にもつことが必要である。このさい思い出されるのは、古代オリエントやエジプトの研究の歴史である。十九世紀にバビロニアやエジプトの考古学的発掘がおこなわれる以前、古代オリエントにかんする史料は、中央アジアにかんするそれとほとんど大差はなかった。すなわち、『聖書』、ヘロドトスをはじめ、ギリシア、ローマの著作家の書中の断片的伝承、エジプトのマネトンやバビロニアのベロッソスの著作などから引きだすことのできるものが、古代オリエント史についての知識のすべてであった。その後今日まで、多くの学者によってたゆみなくつづけられてきた考古学的発掘が古代オリエント史学をいかに発達させたかいまさら語る必要はないだろう。

二十世紀初めの東トルキスタン探検ブームの時代に、スタイン、ペリオ、ヘディン、ル・コックらによって幾多の考古学的調査がおこなわれ、おびただしい数の美術工芸品、いろいろな言語で書かれた文書などが発掘されたことは人々によく知られている。しかし、それらの考古学的遺物はだいたい美術、宗教、言語などの研究の材料となったにすぎない。しかも、これらの遺物が蒐集されたのは、だいたい中央アジアの東半部、東トルキスタンだけである。西トルキスタンは手のつかないままであった。中央アジアの歴史を明らかにするためには、西トルキスタンの発掘が必要であった。これにこたえたのが、新しく生まれたソヴェート中央アジア考古学である（ちなみに、現在、ソ連邦ではトルキスタンということばは使われず、中央アジアということばが使われている。中央アジアにはいるのはウズベク、キルギス、タジク、トルクメンの四共和国であるが、本書ではカザフ共和国も含める）。

ソヴェートの中央アジア考古学

中央アジアの考古学的研究は、帝政ロシアがこの地方を征服するとまもなくはじめられたが、植民地官吏や軍人などのアマチュア的研究にすぎなかったため、じゅうぶんな学問的成果をあげることはできなかった。専門の考古学者が中央アジアで組織的な発掘をおこなうことはあまりなかった。もっとも、帝政ロシア時代からのすぐれた東洋学者で、のちにソヴェート東洋学の創始者となった有名な東洋学者バルトリド（一八六九―一九三〇年）は、中央アジアをいくども旅行し、考古学的調査をおこなっている。しかしながら、ソヴェート政府成立以前の中央アジア考古学は、バルトリドを含めて、その研究対象は年代的にかぎられていた。当時、研究対象となったのは、地上に残っているイスラムの宗教的建築物で、アラビア人征服以前の遺跡はまだかえりみられなかった。これは当時荒廃していた建築物を修理・復旧することに急であったことによるとも考えられる。ただ例外は、サマルカンド市の北部につらなるアフラシアブの都城址とアシュハバード〔一九九二年にアシガバートと改称〕市東方のアナウの原始農耕民の遺跡の発掘である。しかし、前者は小規模で方法的にも未熟なものであり、後者はパンペリーのひきいるアメリカの調査隊のおこなったものである。

中央アジアにおける考古学的研究が本格的になったのは、ソヴェート時代になってからのことで、最初その研究を強力に推進したのはソ連邦科学アカデミアと中央アジア諸共和国におけるその支部で、これらの支部はのちにそれぞれの共和国の科学アカデミアとなっている。その後、モスクワやレニングラード〔一九九一年にサンクト・ペテルブルグと改称〕の博物館、大学なども現地の研究機関と共同してさかんな研究活動をおこなうようになった。

これらの研究は、ソヴェート政権成立の最初の一〇年間は、革命以前に取りあげられた問題を単に継承していただけであったが、三〇年代から事情は一変した。すなわち、そのころまで歴史の研究は、公式的なマルクス主義理論に追随していたが、実証的・具体的研究の必要がしだいに痛感されるようになったことである。そこで三〇年代なかばから大規模な調査隊が中央アジア各地に派遣され、連年にわたって調査・発掘がおこなわれることになり、旧石器時代から中世末期におよぶ多数の考古学的遺跡が明らかにされている。このように、西はカスピ海、アラル海の低地から、東は天山、パミールの高地、北はカザフスタンのステップから、南はイラン、アフガニスタンの国境に至る広大な地域が調査隊の調査網でおおわれている。

農耕と牧畜のはじまり

アナウ文化

旧大陸では農耕と牧畜は、いわゆる〈肥沃な三日月地帯〉――イラン、イラク北部、シリア、パレスティナをむすぶ弧状の地域――で新石器時代の末期におこった。この地域には野生の穀草があり、ヒツジ、ヤギ、ウシ、ウマなどの有蹄《ゆうてい》動物がいたからである。人類は野生の穀草を栽培化し、野生の動物を家畜化して、それまでの採集経済から生産経済に進んだ。ここで注意せねばならないことは、農耕と牧畜とはあいともなっておこなわれたということである。牧畜だけで農耕をおこなわない社会――たとえば遊牧社会――は、のちの時代になって出現した変則的社会で、正常の発展ではない。〈肥沃な三日月地帯〉におこった原始農耕文化は、西は東ヨーロッパ、東は中国までおよび、美しく彩色された文様《もんよう》のある土器をともなうので〈彩文土器文化〉とよばれている。

中央アジアの最も南にあるトルクメン共和国のイランとの国境をなすコペト・ダグのあたりは、この〈肥沃な三日月地帯〉の東北辺境である。したがって、今からほとんど六〇年前に、この地方で原始農耕文化の遺跡が発掘されたのもゆえなしとしない。すなわち、一九〇四年、ロシアに皇帝がまだ君臨していたころ、アメリカのパンペリーが、現在のトルクメン共和国の首都アシュハバードの東方一二キロメートルのアナウで原始農耕文化の遺跡の発掘をおこなった。パンペリーが発掘した原始農耕文化はアナウ文化とよばれ、イランやイラクなどとともに、中央アジア南部にも古い農耕文化が存在していたことが明らかになった。それればかりでなく、のちに、中国の河南省や甘粛省でも彩文土器が発見されたので、アナウ文化は中央アジアにおける原始農耕文化の存在ばかりでなく、いわゆるシルク・ロードが通じるはるか以前の時代における東西文化交流の見地からも世界の学界から注目されるようになった（ちなみに、最近の中国の学者は中国の彩文土器の西方からの影響を否定しているようである）。

アナウの南テペ

それでは、原始農耕文化の遺跡とは、どんなものであろうか。

テペ

アシュハバードの東に、アナウという村がある。アナウ村の西部、アシュハバード鉄道（カスピ海東岸のクラスノヴォツクからタシュケントに至る中央アジアの幹線）線路の南側の平地に二つの丘がぽつんと立っている。平地といっても、このへんはカラ・クム砂漠の南縁で、耕作されず、半砂漠の状態で、砂漠性の低い灌木《かんぼく》や草がはえているにすぎない。この二つの丘がまさに原始農耕民の住居の跡である。北の方の丘は長径一〇二メートル、短径八四メートルの楕円形《だえんけい》で、高さは一二メートル（北丘）。この丘の南、二、三百メートルのところに、さらに一つの丘が立っている（南丘）。南丘は北丘よりいくらか大きく、高さもやや高い。南丘の両側には南から北へ流れる小川があり、東側のものは、北丘の西側に流れている。しかし、この小川は、中央アジアの多くの川の通例として、春の増水期以外はまったく涸《か》れている。

このアナウの二つの丘は、自然の丘ではない。人工的にできあがったものである。中央アジアの原始農耕民は、日乾煉瓦《ひぼしれんが》で家をつくり、床を粘土《ねんど》でかためた。このような家がこわれると、住民は残った壁をこわして地をならし、その上を粘土でかためて床とし、日乾煉瓦の家をまた建てる。こうして、家屋の廃墟が幾重にも堆積して、ついに丘となるのである。この堆積は数メートルのものから、なかには三〇メートル以上に達するものがある。農耕民がながく居住していたところほど堆積が厚く、また家屋が大きく、その数も多かったところほど丘の面積は広くなるわけである。この場合、下層のものほど年代が古いものであることは、いうまでもない（各層にそれぞれ下のほうから、すなわち、古いものから順に番号がつけられる）。考古学の用語でテペというのは、この種の丘のことである（テペというのはトルコ系の言語で丘の意。この場合、遺丘と訳す人もある)。

考古学者は、この家屋の廃墟の堆積と、その各層のなかに残された石器や土器、動物の骨などの遺物によって、そこに住んでいた人間の文化を研究する。テペが原始農耕民の遺跡であることは、なにによってわかるのであろうか。それはいくつかの事実によって明らかである。たとえば、粘土の床や土器の断片に穀粒のあとがついていることがある。ときには穀粒そのものが炭化して残っている。また農具も見いだされる。穀物を挽《ひ》くための石皿と称される平らな石の板や、穀物を刈りとるための鎌《かま》などがある。これらの遺物によって農耕がおこなわれたことが知られる。

農耕のほかに牧畜がおこなわれたこともわかる。テペからヤギ、ヒツジ、ウシ、ウマ、ブタなどの骨が発見される。これらの骨を調べると、それが家畜化されたものであるか、野生のものであるかが判明する。古い時代になればなるほど、野生のものが多くなり、牧畜がまだ未発達なため、狩猟の比重が大きかったことをものがたっている。

コペト・ダグのふもと

トルクメン共和国のイランとの国境線のうち、三〇〇キロメートルほどはコペト・ダグという名の山脈になっている。この山脈は西北から東南にむかって走り、その北側に沿う狭長な地域が耕作されているだけで、その北はアム・ダリア川の岸まで広大なカラ・クム砂漠である。ついでながら、トルクメン共和国で現在農耕がおこなわれているのは、このほか、コペト・ダグの東南のはて、カラ・クム砂漠が東南方にひろがっているなかを南から北に流れるテジェン川、ムルガブ川の流域とアム・ダリア川の流域にすぎない。トルクメン共和国は、文字どおり砂漠の国である。ところが、トルクメン共和国の南部は中央アジア――したがって全ソ連邦――で最も早く農耕文化がおこったところである。いな、世界における農耕文化の発生地の一つである。

新石器時代の末期に人々は、コペト・ダグの北側のふもとで農耕をはじめた。山中から流れでる小川の水は増水期に川岸にあふれる。それが引いたあとのやわらかい土地に種子を播《ま》いた。最初のあいだは土地を耕したり、とくに灌漑《かんがい》施設をすることはなかった。耕作や灌漑はさらに進んだ段階になってからおこなわれるようになるが、とにかく人々は一ヵ所に恒久的に住みつくようになった。それと同時に野生のヒツジやヤギなどを飼いならして家畜化し、牧畜がはじまる。狩猟や漁撈《ぎょろう》などの漂泊《ひょうはく》生活を送っているあいだは、野生の動物を馴化《じゅんか》することは困難なことである。

これまでながいあいだ、アナウが中央アジアにおける唯一の農耕文化遺跡として知られていた。しかし、ソヴェート政権成立以後、考古学的調査がさかんに進められ、とくに、一九四六年からは南トルクメニスタン考古学総合調査隊が組織され、毎年この地方の調査発掘がおこなわれるようになった。その結果、アナウのほかに、コペト・ダグのふもとやさらに東方のテジェン川流域に多数の原始農耕文化の遺跡——テペ——があることが明らかになり、その主要なものは、つぎつぎに発掘されている。

　これらの遺跡は、現在耕作されている地帯とカラ・クム砂漠との境界あたりの砂漠のなかにある。中央アジアでは、現在の農耕地帯ではながい年月のあいだに多くの遺跡は破壊されてしまっているが、水利などの関係から放棄され、のちに砂漠と化してしまったところに比較的よく残っている。

ジェイトゥン遺跡

最古の農耕文化

　アシュハバードの北方三〇キロメートルのジェイトゥンの砂漠のなかに、東西約一二〇メートル、南北約八〇メートル、高さ約四メートルの小高い丘がある。土地の人はそこをチャクマダシュ・ベイクとよんでいる。これは〈ひうち石のある高台〉という意味で、風に吹きさらされた丘の斜面に多数の石器が露出しているからである。この丘の東南に南から流れるカラ・スーという小さな川のデルタのあとがあるので、ジェイトゥンの住民は、そこで農耕をおこなっていたのであろう。

ジェイトゥンの丘は三分の一ほど発掘され、三五の家屋が発見された。それはすべて一へやだけのもので、それぞれかまどを持っている。注目すべきことは、まだ日乾煉瓦はあらわれず、太さ二〇—二五センチメートル、長さ六〇—七〇センチメートルの円筒状の粘土塊で家屋がつくられ、建築術の未発達を示していることである。原始農耕文化に特有の彩文土器はすでにあらわれているが、その文様はきわめて単純で、その多くはクリーム色の粧土に赤褐色《せきかっしょく》の顔料でたての波形文などがえがかれている。農業の存在を示すものとして、骨製の柄に石刃をはめこんだ鎌のほか、粘土で固められた床にコムギやオオムギの粒が見られる。金属器はまだつくられていない。ヤギやヒツジの骨が発見される。それらの肉は食用とされたが、その家畜化はまだあまり進んでいない。

ジェイトゥンの農耕遺跡は、紀元前五〇〇〇年紀のもので、いまのところ、中央アジアにおける最古のものである。ジェイトゥンと同じ文化段階の遺跡には、それよりやや年代はさがるが、ゲオク・テペ東方のチョパン・テペがあるほか、最近、コペト・ダグのふもとで何ヵ所か発見されている。

ジェイトゥンの農耕文化は、そこで独自に発生したものであろうか。あるいは、イランやイラクから伝わったものであろうか。

農耕の起源は、最初は穀草を人工的に栽培せず、野生のものを刈りとったことにあるが、ソヴェートの植物学者ヴァヴィロフの説によれば、トルクメン共和国内で四〇種に達する野生のコムギが発見されているということなので、ジェイトゥンの農耕文化は、やはりその地方で発生したものであろう。ジェイトゥンより古い新石器文化がコペト・ダグ地方でまだ発見されていないので、中央アジアにおける農耕の起源を明らかにすることはできないが、いずれにせよ、農耕は〈肥沃な三日月地帯〉の各所で、ほぼ時を同じくして多元的に発生したものと考えるべきであろう。

ナマズガ・テペ

パンペリーはアナウ北丘の下層をⅠ、上層をⅡ、南丘の下層をⅢ、上層をⅣと中央アジアの原始農耕文化の発展を四期に区分した。しかし、アナウは大きな遺跡でなく、遺物の数も多いとはいえない。しかも、六〇年も前に発掘されたので、その調査にいろいろふじゅうぶんな点もあり、編年の基準とするにはふさわしくない。前に述べたように、最近、コペト・ダグ北麓《ほくろく》の多くのテペの調査発掘が進んだ結果、この編年はいっそう豊富な遺物をもち、層位の確実な遺跡の資料によって修正されることになった。その資料を提供したのがナマズガ・テペである。

ナマズガ・テペは、アシュハバードの東南約一二九キロメートルのカアフカの西方六キロメートルにある。テペは、山から四―五キロメートルはなれた平地にあり、近くに二本の川が山から流れ出ている。ナマズガ・テペはひじょうに大きく、南北に約一キロメートルつづき、幅は最もせまいところで二五〇メートル、広いところで七〇〇メートル、総面積は約五〇ヘクタールあり、北部が高く（一八―二〇メートル）、南と東にしだいに低くなっている。

ナマズガ・テペは南トルクメニスタン考古学総合調査隊によって、一九四九―五〇年と一九五二年に発掘された。この発掘によって、ナマズガ・テペの原始農耕文化は六期に分けられ、これが中央アジア南部の原始農耕文化の発展を跡づける基準となった。アナウとの関係は、つぎのとおりである。

	アナウ	ナマズガ
前一千年紀	Ⅳ	
前二千年紀	Ⅲ	Ⅵ
		Ⅴ
前三千年紀		Ⅳ
		Ⅲ
前四千年紀	Ⅱ	Ⅱ
	ⅠB	Ⅰ
前五千年紀	ⅠA	

すでに見たように、ジェイトゥンが、今のところ、中央アジア最古の農耕文化で、それにつづくものが、アナウ北丘の下層、アナウⅠA期であるが、これはむしろジェイトゥン文化に属する。アナウⅠA期の彩文土器は、赤褐色の粧土に暗褐色の顔料でえがかれている。そのたてのジグザグ文様はジェイトゥンやチョパン・テペのそれとつながるが、新しい要素として三角形、網状の帯などの文様があらわれた。この期の家屋には、ジェイトゥンの円筒状の粘土塊にかわって日乾煉瓦が使われている。金属はまだ出現しない。銅器はつぎのナマズガⅠ期にあらわれる。しかし、それは錐《きり》や装身具などの小さなものだ

けである。この期の彩文土器は明色や赤色の粧土に暗褐色の顔料で三角形などがえがかれていて、文様はまだきわめて単純であるが、ひじょうに図式化されたヤギの文様があらわれているのが注目される。土器のほかに燧石器《すいせっき》、石皿、トルコ玉の首飾玉、土製の紡錘車などがあり、オオムギやコムギの粒、ヤギ、ウシ、ブタなどの家畜の骨も見いだされる。このころはジェイトゥンのような一へやからなる小さな家屋ではなく、数室からなる大きな家屋がつくられるようになり、なにか儀式用と考えられるへやもあった。たとえば、ヤッスイ・テペのこの期の層で、三角形をつらねた文様をえがいた壁画のあるへやが発見されている。

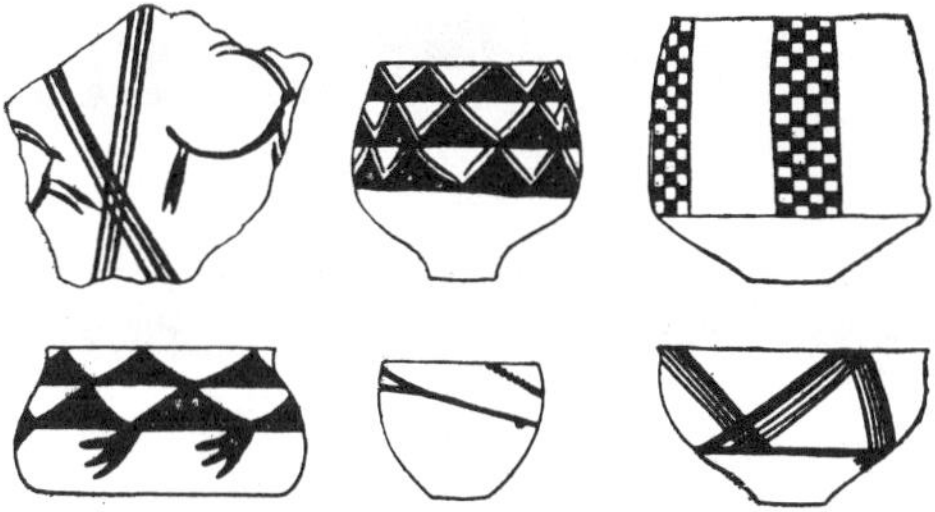
ナマズガＩ文化の遺物（土器）

　コペト・ダグ北麓の農耕文化は、ナマズガII期に、さらに発展する。この期の彩文土器は、明色やバラ色の光沢ある器面に赤色や暗褐色の顔料でかなり複雑な幾何学的文様がえがかれている。土器はすべて手づくねだが、器壁のひじょうに薄いものがある。銅器は前期よりいくらか増え、葉状の投槍の穂、小刀、ピン、錐、装身具などが発見される。石器には、燧石のブレード、石弾、ピンの頭、肉紅玉髄や瑠璃《るり》の首飾玉などがある。また石や土の婦人像が多数発見された。写

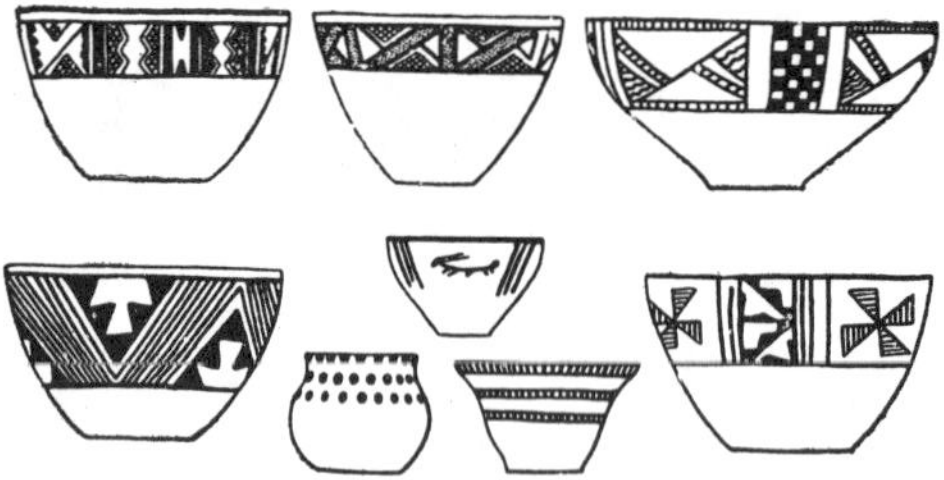

ナマズガⅡ文化の遺物（土器）

実的なものもあるが、その多くはひじょうに様式化された裸体坐像で、足を前に出している。腰部に暗褐色の色彩がほどこされているのは、文身《いれずみ》をあらわすものとして興味がある。これらの婦人像は明らかに地母神崇拝と関連するもので、すでにジェイトゥンからも発見されている。そのほか、ヤギやヒツジなどの石や土の小さな動物像も、多くの遺跡から各期を通じて発見される。

農耕が発生した当初は、採集経済時代と同じように、土掘り棒で原始的耕作をおこなったのは婦人であるが、灌漑の規模が大きくなり、耕作に家畜が使われるようになると男子の役割が増え、母系氏族から父系氏族への転換がはじまる。

ナマズガⅡ期につづくⅢ期の文化はアナウには存在しない。土器は明色または赤色の粧土に暗褐色の顔料で文様がほどこされ、前期にひきつづく幾何学的文様のほかに、新しい要素として円（太陽崇拝と関連があるらしい）やきわめて様式化された動物――長い角をもったヤギ、鳥、斑点《はんてん》のある動物（ヒョウ？）――があらわれる。この期になると鎌や短剣などの大型の銅器もつくられるようになり、銅器の重要性がしだいに大きくなる。たとえばナマズガ・テペでは、Ⅰ、Ⅱ期の文化をもった層の面積は比較的小さいが、Ⅲ期の面積はいちじるしく拡大しているので、Ⅲ期に集落が急に発達したことが如実にうかがわれる。

ナマズガⅣ期には、彩文土器に新たに樹木の文様があらわれる。彩文土器のほかに、光沢のある灰色土器がいちじるしく多くなった。注目すべきことは、この期の終わりにロクロが使用されていることである。イランではロクロの使用は中央アジアの南部より早く、この地から中央アジアに伝わったものと考えられる。しかし、ロクロが使われたのは、ソ連邦内では、中央アジア南部がいちばん早い。ロクロの使用は専門の陶工があらわれたことを示す。

ナマズガⅣ期には荷車の土製模型が諸所で発見されている（荷車模型はナマズガⅡ期にもあるが、Ⅳ期にとくに多い）。荷車にはウシやラクダが使われたと思われ、事実、ラクダのついた荷車模型も発見されている。家畜は荷車を引かせるほか、耕作にも使用された。これは農業の生産性を高めた。銅製品としては短剣、小刀、針、錐、印章などがある。銅は鉛と合金されているが、錫《すず》とはきわめてまれである。また真鍮《しんちゅう》も発見されている。銅器の製作、ロクロの使用などにあらわれた生産力の増大は、母系氏族から父系氏族への移行をともない、この過程はナマズガⅡ期に始まり、Ⅲ、Ⅳ期に至って完成する。

コペト・ダグ北麓の農耕文化の発展が頂点に達するのは、ナマズガⅤ期である。この期間は比較的短い。ナマズガ・テペではこの期の文化層は二メートルにすぎない。その土器は、

ナマズガⅢ文化の遺物（土器）

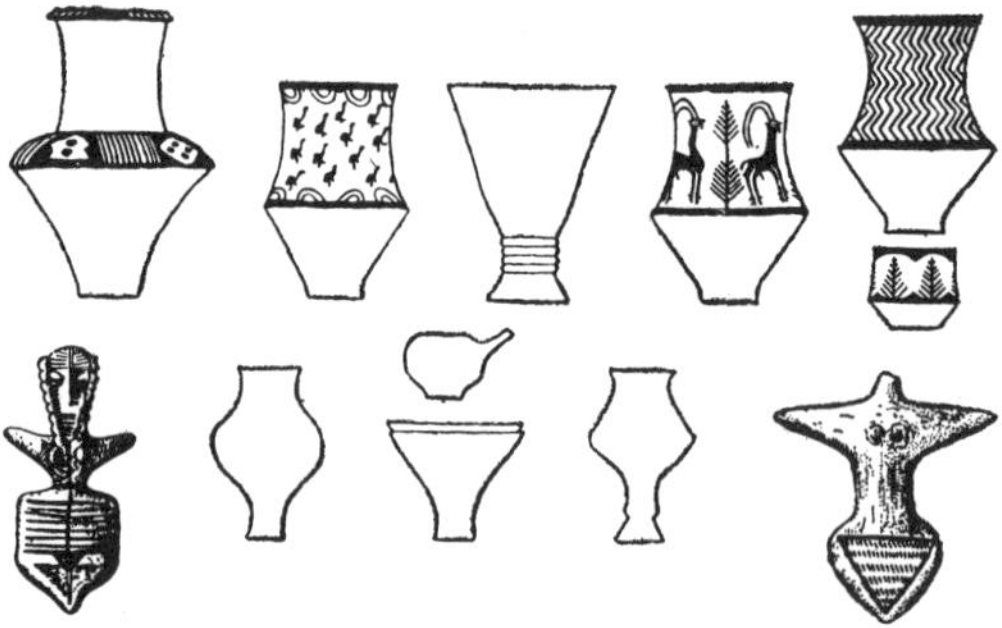

ナマズガⅣ～Ⅴ文化の遺物（土器）

すべて無文であることが大きな特色である。

まもなく、コペト・ダグ北麓の農耕文化は衰退にむかう。この現象は北東イランなどにおいても見られる。その原因として、気候の乾燥化にともない水や牧地を求める共同体間の争いが激化したこと、あるいは、原始的な農耕よりも牧畜のほうが有利なので牧畜に移ったことなどが考えられるが、山麓地帯の農業がその発達の限界に達したことによるのであろう。すなわち、小さな川の水を利用する小規模な灌漑農業は増大していく人口をささえることはできなかった。人々は山麓をはなれて、より規模の大きな灌漑にもとづく農耕を営むために、いっそう大きな川の流域に移った。

ホラズムの文化

前五〇〇〇年紀から四〇〇〇年紀にかけて、コペト・ダグの北麓で農耕文化がめばえていたころ、中央アジアの他の部分の文化は、まだあまり明らかでない。明らかになってくるのはケルテミナル文化（前四〇〇〇—三〇〇〇年紀）の時代からである。

ケルテミナル文化というのは、トルストフがホラズムにおいて発見した新石器文化である。この文化は、アラル海東南岸を中心として、北はカザフスタン西部、南はアム・ダリアの旧河道（ウズボイ）に沿ってトルクメン共和国西北部に及んでいる。ケルテミナル文化をもっていた種族は狩猟・漁撈《ぎょろう》をおこなっていたが、農耕や牧畜は知らず（この文化の末期には牧畜が出現する)、日乾煉瓦で家屋をつくることもなかった。また土器の製作にロクロは使われていない。

前二〇〇〇年紀になると、ホラズム地方においても農耕や牧畜がおこなわれるようになり、また青銅器の使用もはじまる。この文化がタザバグヤブ文化である。タザバグヤブ文化はあとに述べるアンドロノヴォ文化にひじょうによく似ている。

タザバグヤブ文化にやや遅れて、スーヤルガン文化がホラズムにおこり、前者の末期に至るまで共存する。この文化の代表的遺跡にジャンバス・カラ六号遺跡がある。これは農耕民の掘立小屋で、ここから発見される土器は、タザバグヤブのものと違い、アナウの下層のものに似た彩文土器である。そのほか、原始農耕民の特徴である石皿も発見されている。タザバグヤブ文化も農耕を知っていたが、どちらかといえば、牧畜に重きが置かれるのに反し、スーヤルガン文化では農業の比重が大きい。この文化に赤や黄の顔料でえがかれた彩文土器が見られるのは、南方の先進的農耕地帯(コペト・ダグ北麓)の影響が大きいことを示すものであろう。また逆に、タザバグヤブ文化の土器片がアシュハバード北方の砂漠のなかに見いだされることも、ホラズムとコペト・ダグ北麓文化との交渉をものがたっている。

コペト・ダグ北麓の農耕民がしっかり定住していたのと異なり、スーヤルガン文化の農民の定住性は弱かった。その理由は、ホラズムでは農耕はデルタ地帯でおこなわれ、当時はまだ河水をじゅうぶん統御するだけの灌漑工事ができなかったからである。スーヤルガン文化の農耕は、前一〇〇〇年紀前半にホラズムで発達した大規模な灌漑農業に先行する原始的な農耕文化である。

フェルガナの農耕文化

中央アジア南部の農耕文化と北方のステップ地帯の文化との接触を示す興味ある文化は、前三〇〇〇―二〇〇〇年紀のマハン・ダリアの文化である。マハン・ダリアというのは、ザラフシャン川の下流にある支流で、現在水はほとんど流れていない。マハン・ダリアに接する砂漠には、ケルテミナル型の狩猟・漁撈の住居址があり、河岸の草地には牧畜と漁撈をしていた住民の住居址がある。土器は平底の壺型《つぼがた》で彩色されていない。ホラズムのタザバグヤブのものにひじょうに似ている。河岸の草地のさらに低い部分には、原始農耕民の住居址があり、彩文土器や石皿が発見される。

同様に南方との接触をあらわしているのは、ザマン・ババ湖岸にある二つの墓地である。この墓地の文化はだいたいアンドロノヴォ文化であるが、ナマズガⅣおよびⅤの土器片が発見されている。これらの土器は南方から持って来られたものであろう。また月桂樹葉状の燧《すい》石鏃《せきぞく》があるが、これはムルガブ川流域のものに似ている。さらに南方からの影響をものがたるものに、様式的な土偶や家屋の模型らしきものもある。このように、前三〇〇〇年紀後半―前二〇〇〇年紀に、南方の彩文土器文化が北方に波及したのである。

彩文土器　シュラバシャート（フェルガナ）出土

彩文土器文化は、ザラフシャン川流域から、さらに東北方、フェルガナ地方を経て、東トルキスタンにはいり、中国西北部に達している。この彩文土器文化、すなわち、農耕文化の伝播においてフェルガナ地方は、重要な役割を果たしたと思われるが、ここの農耕文化の研究はようやく最近になって活潑《かっぱつ》になったにすぎないので、あまり明らかでない。

フェルガナ地方で彩文土器が偶然発見されることはあったが、調査・発掘された遺跡の数は少なく、そのうち、最も年代の古いものは、チュストとダルヴェルジンの二つの遺跡である。前者はフェルガナ盆地の北部、チュスト市の北方、二・五キロメートルのガバ川の岸にあり、一九五一年にヴォロネツ、一九五三―五六年にスプリシェフスキイが発掘した。後者はフェルガナ盆地の東部、カラ・ダリア川の岸にあり、ザドネプロフスキイが一九五二、五四、五六年に発掘した。

チュストとダルヴェルジンの二つの遺跡は、ともに川岸にのぞむ台地上にあり、河原で農耕をおこない、特別な灌漑施設はない。チュストの集落址は四一〇メートル×二一〇メートルで、ダルヴェルジンは五六〇メートル×三六〇メートルの面積をもち、後者のほうがかなり広い。チュストでは、五五年までに合計八一個の竪穴《たてあな》が発見された。竪穴の壁面は粘土、日乾煉瓦、河原石などで構築され、それに付属して粘土で固めたアーチ状の煙道や組石あるいは丸石積の炉がつくられているものがある。また一部では支柱穴も発見されている。これらの竪穴は半地下小屋や貯蔵庫の跡である。土器片が多数発見されているが、だいたい手づくねの粗製品が多く、彩文土器は少ない。彩文土器は赤色の粘土の上に黒色顔料で文様がえがかれている。

ダルヴェルジンの集落には上下二つの文化層があり、その下層は青銅器時代に属するが、上層は鉄器時代初期のものである。ダルヴェルジンの下層ではチュストとほとんど同種の土器やその他の遺物が発見され、チュスト集落と同時代の遺跡である（上層では集落の防壁の遺構が発見されている）。

チュストとダルヴェルジンの二つの遺跡は、前二〇〇〇年紀なかばから前一〇〇〇年紀初めのものである。この二つの遺跡は、今のところ、フェルガナで知られた最古の農耕遺跡である。もちろん、この時期にフェルガナにおいて、農耕がはじめて発生したわけではない。ただそれ以前の遺跡がまだ知られていないだけである。しかし、その発生の時期がコペト・ダグ北麓地方よりおくれていることは疑いない。フェルガナでは、チュストやダルヴェルジンと同じ時代に属する他の五ヵ所の遺跡から、チュストの土器と同種の土器が発見されており、チュスト文化と命名された農耕文化がフェルガナ地方に行きわたっていたことが知られる。フェルガナの農耕文化は、中央アジア南部――コペト・ダグ北麓――から伝わったものであるが、やはりその地方の新石器文化の基礎の上に発達したものであり、また南シベリアやカザフスタン・ステップのアンドロノヴォ文化の影響が少なくない。

アンドロノヴォ文化の成立

中央アジアの北方、カザフスタンのステップ地帯に、前二〇〇〇年紀前半にアンドロノヴォ文化がおこる。この文化は前一〇〇〇年紀前半には、西はウラル川から東はイェニセイ川に及ぶ広大な地域にひろがり、中央アジアの歴史において大きな役割を果たす。青銅器文化のなかで、アンドロノヴォ文化のように広大な地域にわたって分布したものは他に例がない。

アンドロノヴォ文化というのはテプロウホフ（一八八八―一九三三年）が一九一四年にシベリアのアチンスク市付近のアンドロノヴォ村の発掘でえた遺物にちなんで、一九二七―二九年にミヌシンスク地方の文化の発展を年代づけるために設定したものである。テプロウホフはアンドロノヴォ文化がミヌシンスク地方ばかりでなく、カザフスタン北部や西シベリアにも分布していることを指摘したが、そのおもな中心はミヌシンスク地方であり、この文化に先行するアファナシェヴォ文化（前三〇〇〇年紀―二〇〇〇年紀初めの南シベリアの金石併用文化）と、のちのカラスク文化（前二〇〇〇年紀末の南シベリアの青銅器文化。モンゴルや中国との関係が深いといわれる）につながるものと考えていた。しかしその後、カザフスタンおよび中央アジア各地の考古学的研究がすすみ、とくに一九五三年からチェルニコフが東カザフスタンの青銅器時代を組織的に研究するようになってから、アンドロノヴォ文化の分布範囲の広いことがわかり、これまでその中心と見なされていたミヌシンスク地方は、アンドロノヴォ文化の辺縁地域にすぎないと考えられるようになった。

アンドロノヴォ文化の墳墓（タストゥイ・ブタク）

　アンドロノヴォ文化の特色は、（１）櫛状《くしじょう》、有刺環状あるいは板状の道具で押刻した雷文《らいもん》、三角文、ジグザグ文をもつ土器（瘤状《こぶじょう》の突起物をつけたものは、おそい時期にあらわれる）、（２）種々の青銅器、（３）円形あるいは方形に石をめぐらした塚（盛り土をしたものは少ない）、遺骸はつねに右脇あるいは左脇を下にした屈葬で、装身具や容器は副葬されているが、道具や武器は少ない、（４）集落は多くの場合河原にあり、かなり大きな半地下小屋からなり、小屋には各種の作業場や家畜の追込み場がついていることなどである。

　アンドロノヴォ時代の経済の基礎は牧畜と農業で、また青銅器や土器の製作も発達していた。この時代になって家父長家族が発展するが、やはり母権制の残滓《ざんし》が強く残っていたらしい。

注意すべきことは、アンドロノヴォ文化は、前述のように広大な地域に分布しているにもかかわらず、それぞれの場所で、多少の局地的差異はあるが、驚くほど類似しており、またこの文化をもった種族は民族学的にもおなじであるということである。

アンドロノヴォ文化の大きな特色は、青銅器の製造が発達していたことで、それは、この地方に銅鉱が豊富だったからである。銅はカザフスタン、ウラル、シベリア、中央アジアの各地で採掘され、また錫は東カザフスタンのカルビン山脈とナリム山脈で採掘された。シル・ダリア川上流や中部カザフスタンでもいくらか採取された。したがって、東カザフスタンがアンドロノヴォ文化の中心と見なされる。

現在、アンドロノヴォ文化の遺跡はカザフスタンや中央アジアで、一〇二の集落と一三八の墳墓が発見されており、この文化の発展過程がしだいに明らかにされている。

アンドロノヴォ文化の地域には、それに先行するカザフスタン・ステップ新石器とアファナシエヴォの二つの文化があった。アファナシエヴォ文化があった地域は、アンドロノヴォ文化の縁辺地域で、その中心から遠いので、アファナシエヴォ文化からアンドロノヴォ文化が直接発生したとは考えられない。

カザフスタン・ステップ新石器文化については、まだあまり明らかにされていない。しかし、それは細石器、アンドロノヴォにひじょうに似た土器、砂丘上の短期的集落といった特色をもっている。もちろん、地域的特殊性はあるが、カザフスタンには、彩文土器とのあいだ、あるいはタイガ地帯の新石器とのあいだのような、はっきりした境界は存在しない。カザフスタン全地域の新石器文化の様相は、差異よりもむしろひじょうな類似性をもっている。このような共通性を帯びた新石器文化、あるいは金石併用文化を基礎として、アンドロノヴォ文化は成立した。

アンドロノヴォ文化の発展

チェルニコフは、アンドロノヴォ文化の発展を四期に分けている。

第一期（前十八―十六世紀）は東カザフスタンの銅や錫の産地で、その採掘が広く開始され、またやわらかな土地で農耕がおこなわれた時代である。このころ、アンドロノヴォ人の一部はイェニセイ地方に移動し、そこでアファナシェヴォ種族とある程度同化する。アルタイ山地は、彼らの経済にあまり適合しないので、よけて通った。

アンドロノヴォ文化の分布とその年代については、次ページの表を一見すれば明らかである（＋記号は、それぞれの地域にアンドロノヴォ文化が存在したことを、－記号はそれが存在しなかったことを示す）。

この表によれば、四期のすべてにわたってアンドロノヴォ文化が存在するのは、東カザフスタンと北カザフスタン、すなわち、イルトゥイシ川からイシム川のあいだの北部カザフス

時期 ／ アンドロノヴォ文化の地方的グループ	第一期（前十八－十六世紀）	第二期（前十五－十三世紀）	第三期（前十二－九世紀）	第四期（前九－八世紀）
東カザフスタン	＋	＋	＋	＋
北カザフスタン	＋	＋	＋	＋
イェニセイ	＋	＋	－	－
オビ上流	－	＋	＋	＋
中部カザフスタン	－	＋	＋	＋
外ウラル	－	＋	＋	＋
西カザフスタン	－	－	＋	＋
南方（セミレチエおよび中央アジア）	－	－	＋	＋

タン・ステップである。この地域がアンドロノヴォ文化の遺跡が最も多い地域である。外ウラルではアンドロノヴォ文化の発生はいくらかおそく、第二期になってからである（第一期には、この地方にアンドロノヴォ文化は見いだされない）。第二期の初めに、チェリャビンスク地方のアンドロノヴォ人はゴルブノ人（ゴルブノ文化はウラル川中流域の新石器・青銅器文化）を北方に圧迫したらしい。東方（オビ川およびイェニセイ川）に移動したアンドロノヴォ人は、第二期の終わりに、カラスク人によってそこから駆逐された。したがって、そこには第三期および第四期のアンドロノヴォ文化は存在しない。オルスクとアクテュビンスクのあいだの地方（西カザフスタン）には、第一期と第二期の遺跡はまだ発見されていない。そのころ、そこには新石器文化がなお存在していたかもしれない（この地域には新石器の砂丘遺跡が多い）。アンドロノヴォ文化が南方、中央アジアに及んだのも比較的おそく、第三期のことである。アンドロノヴォ文化の遺物は、キルギス共和国ではチュー川やタラス川流域、さらに天山山脈の山中、ウズベク共和国ではタシュケント付近、ホラズム、

ザラフシャン川流域、タジク共和国ではレニナバード付近などで発見されているが、はるか南方のトルクメン共和国のアシュハバード北方のカラ・クム砂漠でもアンドロノヴォ土器片が発見される。

第二期（前十五―十三世紀）になると、アンドロノヴォ文化の形成は終わり、この文化の特徴は、その広大な分布範囲のほとんど全域で見られる。耨耕《じょっこう》と牧畜がアンドロノヴォ人の基本的経済形態になり、石皿や石製の耨、鎌などの形は固定し、大小の有角家畜とウマ（この時期には、ただ食用にされるだけであった）が、彼らの典型的家畜になった。ブタは存在しない。しかし、文化的水準は低く、骨製の小刀や針も使用され、東カザフスタンにおいてさえ、青銅器はまだ少なかった。

アンドロノヴォ文化は、その土器、青銅器、経済、社会組織などにおける共通的性格ばかりでなく、人類学的にも共通的性格をもっていた。アンドロノヴォ人はできあがったタイプとして他所《よそ》からカザフスタン・ステップに到来したのではなく、アンドロノヴォ文化の第一期にそこで形成されたのである。その後、彼らは南シベリア・タイプの民族――現在のキルギス人、カザフ人、アルタイ人――が形成される基礎になった。もっとも、これらの民族の純粋な形は、のちに失われたが。

このころ、エンゲルスのいわゆる〈最初の大きな社会的分業〉である牧畜種族――ここでは正しくは農牧種族――の他の野蛮人からの分離がおこった。カザフスタンでは、アンドロ森林《タイガ》地帯においてノヴォ人が前者で、新石器人が後者であり、新石器人はステップから急速に消滅し、狩猟・漁撈の生活をながくつづける。

西方では、アンドロノヴォ文化は木槨墳《もっかくふん》文化と密接な相互関係をもち、とくに両文化の接触地帯には、アンドロノヴォ文化と木槨墳文化の特徴の混淆《こんこう》が見られる。またウラル地方では、アンドロノヴォ文化はアバシェヴォ文化（前二〇〇〇年紀なかばのヴォルガ川中流域の青銅器文化）と接触するが、この地方には、この両文化のほかに木槨墳文化やゴルブノ文化もあり、これら種々さまざまな文化の相互作用が、のちのサルマタイ人やアラン人の文化の様相に反映している。南方では、アンドロノヴォ文化は前述のように農耕文化（チュスト文化およびナマズガVI文化）地帯と境を接していた。

第三期（前十二―九世紀）になると、アンドロノヴォ文化の領域がいくらか縮小する。すなわち、ミヌシンスク盆地にカラスク文化がおこり、それはアンドロノヴォ文化の一部を駆逐し、一部を同化する。イエニセイに後期アンドロノヴォ文化が、全然存在しない事実が、このことを示している。また原因はわからないが、オビ流域でも、アンドロノヴォ文化は見いだされない。

この時期に注目すべきは、ウマが乗用に使われはじめることである。ウマが乗用にされたことと、ブタが飼われていないことは、アンドロノヴォ人が機動力をもっていたことの証拠である。

第三期に属する青銅器の分布から判断すると、東カザフスタン諸種族が北カザフスタンや南方（セミレチエおよび中央アジア）ととくに活潑な交渉をもっていたことがわかる。青銅、土器、家畜などが種族間の交換の対象となり、種族相互の経済や文化の発展を助けた。また社会的不平等の発生しはじめたことは、いくつかの墳墓の外形や大きさ、あるいは副葬品によって知られる。

第四期（前九―八世紀）になると、すでに第三期に生じていた各種族の特殊性は、ますます大きくなる。第四期には、牧畜が農業を凌駕《りょうが》して、主要な経済部門になる。もちろん、牧畜の発達がどこでもいちようにおこったのではない。ある所では家畜が豊富であり、他の所では貧弱であり、またある所では冶金《やきん》が大きな役割をしたのにたいし、他の所では農業が大きな意義をもっていた。しかし、文化の全体的傾向は牧畜の発達であった。

牧畜と関連して男子労働の役割が増大したことは、父権的関係を発展させた。しかし、これを立証する具体的事実としては、ほとんどすべてのアンドロノヴォ墳墓に見られる二人葬があるにすぎない。しかし、二五〇―三〇〇平方メートルの面積をもつアンドロノヴォの大家屋も、家父長家族に関係があるだろう。

家畜の頭数が増大するとともに、ますます遠方に新しい牧地を求めることが必要になったが、それはウマを乗用にし、ウシに荷を引かせることによって解決された。ここにおいて遊牧経済が始まり、遊牧民が発生する。いったん遊牧がおこなわれるようになると、カザフスタンの自然条件では、牧畜の方が農業よりはるかに有利となり、農業は後景にさがる。定住的なアンドロノヴォ文化は遊牧経済に適合せず、新たに初期遊牧民の文化が生まれる。

アンドロノヴォ諸種族は、前一〇〇〇年紀のなかばにカザフスタン・ステップに居住していた初期遊牧諸種族の直接の祖先である。アンドロノヴォ諸種族が前九―八世紀に遊牧に移ったのは、その歴史的・経済的発展の当然の結果であった。

初期遊牧民

前一〇〇〇年紀のなかばに、カザフスタン・ステップと中央アジア北部に、ギリシア・ローマ史料によればサカ、スキタイ、マッサゲタイ、その他、中国史料によれば塞《さい》、烏孫《うそん》、康居《こうきょ》、匈奴《きょうど》などの遊牧民がいたことが知られる。これらの遊牧民は、東から侵入した匈奴をのぞき、遊牧生活に転じたアンドロノヴォ諸種族の子孫であろう。

西は南ロシア・ステップから、東はモンゴリアにおよぶ広大なユーラシア・ステップの自然的特徴は、大きな森林が存在しないことと、水が少なく土壌が固いために、原始農業が発達できなかったことである。耕作できたのは、ステップや山麓を流れる川の河原のせまい部分にすぎなかった。アンドロノヴォ文化の農耕がおこなわれたのは、このような場所であった。

前述のように遊牧民が成立したが、〈純粋〉な遊牧民なるものは存在しない。彼らの経済において遊牧経済が支配的であったにすぎず、それが唯一の経済であったということではない。遊牧民自身も、また彼らのあいだに住んでいた住民も、ある程度農業に従事していた──それが可能な場所では──ことを看過してはならない。遊牧生活が発展するにつれて、個々の遊牧民グループの接触がひんぱんになり、広大なユーラシア・ステップに共通的な遊牧文化が生まれる。それは考古学的資料にはっきり見ることができる（たとえば、いわゆる動物意匠《アニマル・スタイル》、馬具、武器など）。

ユーラシア・ステップの古代遊牧民を初期遊牧民とよぶが、初期遊牧民の時代──だいたい前八世紀から紀元後の初期まで──は、その氏族制度の崩壊期で、家父長的・封建的関係がまだ現われない軍事的民主制の時代である。遊牧経済の特殊性のために、この時代は一〇〇〇年以上つづく。前八─三世紀に、大きな種族連合──スキタイ、サカ、マッサゲタイ、大月氏《だいげっし》、その他、──が形成される。

パルティア皇帝の宮殿

国家の発生

中央アジアでは前六―四世紀ころから鉄の使用がひろまった。世界で最初に鉄が使われたのは小アジア地方であるらしい。アッシリアからイランを経て、中央アジアに鉄が伝わったものと思われる。中央アジアの農耕地帯の前六―四世紀の遺跡で、鉄器が発見されるが、遊牧地帯ではそれより二、三世紀おくれる。

鉄器の使用によって農業の生産力が高まるが、それと同時に鉄器を使うことによって大規模な土木工事が可能になり、灌漑が大いに発達する。これまでの山麓の小川の水による農業から、運河を掘って大河の水を利用する新しい灌漑農業がおこる。農業は山麓地帯から平野地帯、大河の流域やデルタに移る。この灌漑農業がさらにまた農業の生産力を高める。

生産力の増大にともない、財産分化がますます進み、家父長的氏族共同体は分解し、多くの奴隷と土地を持った支配者―貴族が擡頭《たいとう》してくる。このようにして国家発生の前提ができる。国家が発生すると、こんどは国家権力によっていっそう大規模な灌漑工事がおこなわれ、灌漑農業はさらに発展する。ついでながら、エジプトやメソポタミアでは、国家の発生は早くも青銅器時代に始まるが、中央アジアでは鉄器時代にはいってからのことである。

中央アジアにおける国家の発生過程を具体的に跡づけることは、文献史料によっても、考古学的史料によってもなかなか困難である。考古学的史料は文字をともなうものでないかぎり、具体的な歴史事実を明らかにしてくれない。たとえば、年代について、考古学的史料が示すものは相対的年代であって、具体的年代ではない。しかし、中央アジアのように、文献史料の乏しい場合には、どうしても主として考古学的史料にたよらねばならない。幸いに最近の中央アジア考古学の発展は、これまでの文献史料に数倍する新しい事実をつぎつぎに明らかにしている。

国家形成の端緒は、考古学的にはつぎの二つの事がらにあらわれている。その一つは、中央に支配者の城塞がある都市型の集落が出現したことである。青銅器時代の原始農耕集落は、その発達の末期には周囲を土塁などの防壁でかこむようになるが、まだ強力な支配者は生まれていなかったので、支配者の城塞は存在しない。前七―六世紀になると、富と力を貯えた支配者は、粘土や日乾煉瓦で築いた高さ数メートルの土壇の上に城塞を構える。一般の共同体員の家屋は、城のまわりの下のほうにつくられる。このように、まったく新しい形式の集落が出現した。平民の家屋の上にそびえ立つ城塞、これはもちろん、新しい権力の誕生をものがたるものである。

他の一つは灌漑網の発達である。大きな川の水を引いた幹線運河や水路が木の枝のように

運河の跡　ヤズ・テペ

複雑に分岐し、広大な地域が灌漑されるようになった。このような大規模な灌漑工事は小さな共同体には不可能なことである。あるいは、共同体の連合には可能であるかもしれない。しかし、鉄器が使用されはじめたとはいえ、当時の貧弱な道具では、このような大規模な工事は奴隷の労働によってはじめて可能であろう。したがって、多数の奴隷を駆使した国家の存在が考えられる。大きな灌漑網が建設されたことは、国家の存在を示すにほかならないと結論したのは、トルストフである。トルストフは多年のあいだ、ホラズム地方の考古学的調査をおこなった結果、この結論に到達した。その後、中央アジアの他の地方の調査によっても、彼の説が認められている。現在、中央アジアではオアシスの縁辺ばかりでなく、砂漠の奥数十キロメートルの地にも、水の涸《か》れた古代の運河の跡が見られる。ついでながら、前に述べたように、これは中央アジアの気候の変化、乾燥化を示すものではない。運河が涸れたのは、政治の退廃や戦乱などの社会的原因による。

右の二つの事実に見られる国家発生の萌芽《ほうが》は、トルクメニアの南部で最もよく調査されている（南トルクメニスタン考古学総合調査隊）。その一つは、ムルガブ川デルタのヤズ・テぺの遺跡である。ヤズ・テペはバイラム・アリの西北方、現在砂漠になっているところにあり、付近には灌漑水路網の跡が見られる。ヤズ・テペは面積約一六ヘクタールで、中央に高さ八メートルの日乾煉瓦づくりの土壇の上に城塞があった。城塞の南西部に宮殿あるいは神殿らしい壮大な建物の遺構が発見された。ヤズ・テペの西方に、おなじようなアラヴァリ・テペがある。このように、ムルガブ川下流に、前七―六世紀ころ、灌漑網がつくられて開発が進み、また権力をもった支配者の出現が見られる。このムルガブ川下流が、のちにマルギアナとよばれた地方で、中央アジアにおける政治的勢力の一つの中心になる。さらにもう一例。コペト・ダグの東南のはずれにエリケン・テペがある。これはヤズ・テペなどよりやや古く、前一〇〇〇年紀初めのもので、原始農耕集落からヤズ・テペなどの都市型集落への過渡的な形をもっている点でおもしろい。エリケン・テペは中央に高さ一五メートルに達する丘があり、丘をさしはさんで西北と東南にナマズガ・テペなどのような集団住居がある。戦争のさいには、この集団住居が防壁の役目を果たすようになっていた。

これらはトルクメニア（マルギアナとパルティア）についてであるが、中央アジアの他の地方、ソグド、バクトリア、ホラズムなどの考古学的研究もおなじことを示している。これらの地方において、前七―六世紀のころ、農業に経済の基礎を置くオアシス国家が出現しつつあった。これらの国家については、考古学的史料によって一般的な発展過程についていえるだけで、具体的な歴史事実は明らかでない。しかし、前六世紀ころ、ホラズムやバクトリ

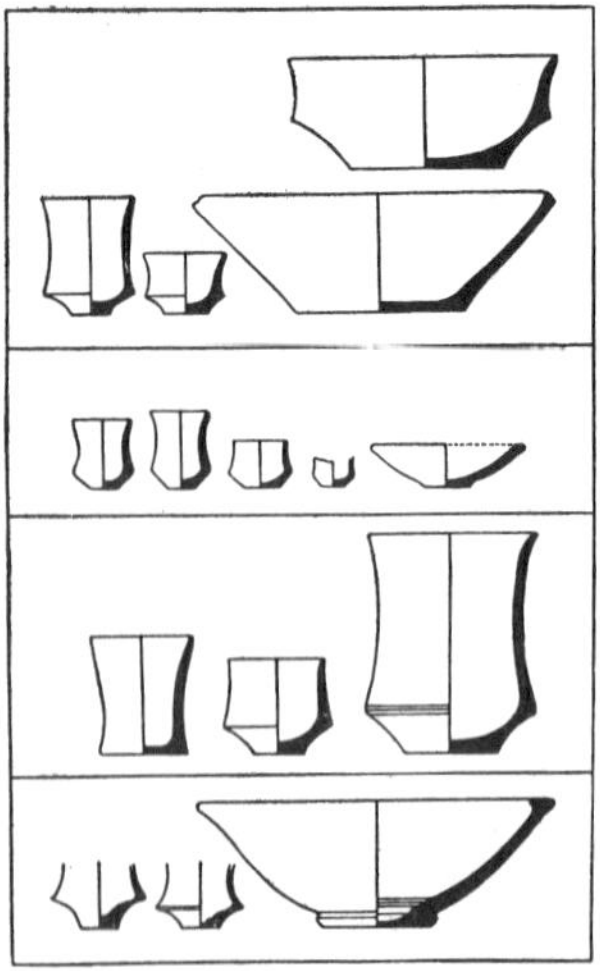

中央アジア南部の土器の比較　上から、バクトリア北部、マルギアナ、ソグド、バクトリア南部

アに大きな国家がすでに存在していたと考えられる。これと関連して注目すべきは、前六―四世紀の中央アジア南部、すなわち、バクトリア、ソグド、マルギアナ、パルティア、ホラズムの土器には、その形も、つくりもほとんど同一のものが広く分布していることである。その多くは円筒形のコップ型容器で、ロクロでつくられている（ロクロの使用は明らかに専門の工人の存在と社会的分業をものがたる）。このような同一の土器が存在することは、右の諸地方における文化の共通性を示すものである。この形式の土器の祖形と見られるものは、パルティアやマルギアナで発見されている。またそれに似たものがバクトリアやソグドでも発見されている。これらの事実は前六世紀のころソグド、パルティア、マルギアナが、政治的にバクトリアと一体であったことの一証拠ではなかろうか。なお、この種の土器がホラズムにはいったのは、中央アジアがペルシアの支配下にあった時代のことである。

アケメネス王朝の支配

前六世紀にペルシアのキロスがメディアを滅ぼし、イランにアケメネス王朝を樹立した。まもなくキロスは中央アジア南部を征服し、その版図に入れる。その後アケメネス王朝は東はインドから西はエジプトに及ぶ古代東方最大の大帝国を建設した。

アケメネス王朝の征服後、中央アジアについてペルシアの碑文にいくらか記されているが、それ以前については書かれた史料は存在しない。ギリシア・ローマの書物には、アッシリアの伝説的女王セミラミスがその夫とともに、バクトリアを征服したなどと記されているが、それは伝説にすぎない。また中央アジアの諸種族がアッシリアにくみしてメディアと戦ったという伝説もある。しかし、アッシリアに代わったメディアの領域は、東方は、ヒルカニア（カスピ海東南岸）とパルティアに及んでいたと考えられる。メディアを征服したアケメネス王朝は、そのままこの二地方を領有したであろう。

キロスは前五五〇年にメディアを滅ぼし、三年後にリディアを合わせ、五三九年にバビロンを陥れた。その後、キロスは中央アジアの征服に転じたらしい。バクトリア、マルギアナ、ソグド、ホラズムなどが征服された。中央アジアの農耕民を征服したアケメネス王朝の版図は直接遊牧民と境を接することになり、前五三〇年にキロスはアム・ダリア川を渡って遊牧民の地に侵入した。しかし、キロスは遊牧民との戦闘中、その誘導作戦に引っかかり、ついに戦死した。この事件について、いろいろな伝説があるが、ヘロドトスの記事が最もくわしい。ヘロドトスは、この遊牧民をマッサゲタイといっている。キロスの死後、カンビセスが国王になった（在位前五三〇―五二二年）。カンビセスのおもな関心はエジプトにあり、中央アジアには目を向けなかった。カンビセスの死後、ダレイオス一世（在位前五二二―四八六年）がペルシアの王位につくが、このあいだに王位簒奪者《さんだつしゃ》が出現し、ペルシア帝国は混乱に陥り、分裂の危機にさらされた。マルギアナやパルティアにも叛乱《はんらん》がおこる。またサカ族も蜂起する。ダレイオス一世がペルシア帝国の混乱を鎮めた次第を後世に残すために断崖《だんがい》に刻んだベヒストゥン碑文は、これらの叛乱について記している。

前五二二年の十月十日に、マルギアナの首長フラダというものの叛乱が鎮圧された。このとき、五万五〇〇〇人以上が殺され、六五〇〇人が捕虜にされた。この数字は誇張であろうが、いずれにせよ、大きな叛乱であったと想像される。この叛乱鎮圧のさい、ペルシア軍はマルギアナを大いに荒らしたらしい。さきにあげたアラヴァリ・テペのオアシスは前六世紀末に存在を停止している。直接の証拠はないが、これはペルシア軍が灌漑水路を破壊したことによるかもしれない。翌五二一年にパルティアの叛乱が鎮圧された。この乱に関連して、パルティアの集落（都市）の名が二つあげられている。五二一年三月八日、ヴィシュパウザティシュでパルティア人との戦闘がおこなわれたが、ペルシア人は勝利を収めることができず、七月十二日のパティグラバナの戦闘でようやく目的を達することができた。このとき、六五〇〇人のパルティア人が殺され、四二〇〇人が捕虜にされた。ヴィシュパウザティシュとパティグラバナが現在のどの遺跡であるか定めることはできないが、後者はさきのエリケン・テペだという説がある。

　マルギアナやパルティアの叛乱を鎮めて中央アジアの農耕地帯を固めたダレイオスは、五一七年にアム・ダリア川を渡り、遊牧民の征服に着手し、ふたたび遊牧民をアケメネス王朝の支配下に置いた。

　ダレイオス一世のつぎに王位についたのはクセルクセスである（在位前四八六―四六五年）。彼はギリシアに遠征をおこない（ペルシア戦争）、中央アジアの諸種族も遠征軍に加わりはるばるギリシアまで出かけている。ヘロドトスに記された遠征軍の編成のなかには、バクトリア人、ソグド人、パルティア人、ホラズム人、サカ族の部隊がいる。また中央アジア諸種族が守備隊として、中央アジアから遠く離れた地に送られていたことは、たとえば、エジプトのエレファンティネ島で発見されたパピルス文書によって知られる。それによれば前五世紀末に、エレファンティネ島にホラズム人の守備隊がいた。

　アケメネス王朝は前六世紀の三〇年代から、前三三一年にアレクサンドロスによって滅ぼされるまで、およそ二〇〇年間中央アジアを支配した。人種的には、ペルシア人も中央アジアの諸種族も――農耕民も遊牧民も――同じくイラン系に属し、言語は似ていた。ペルシアの中央アジア支配は、中央アジア文化の古代オリエントや地中海世界の文化との接触を深めた。この時代に、最初シリアにおこったアラム文字が中央アジアに伝わり、これがホラズム文字、パルティア文字、ソグド文字などとなったことは重要である。

アレクサンドロスの中央アジア侵入

前三三四年、ペルシア帝国の征服を始めたアレクサンドロスは、ついに三三一年のアルベラの戦いでダレイオス三世を敗走させた。アレクサンドロスはダレイオスのあとを追ったが、敗走中ダレイオスが一族のベッソスに殺されたことを知ったのちも、進撃をやめず、さらに東方にむかった。

前三二九年、アレクサンドロスは中央アジアに侵入し、バクトリアを占領した。ダレイオスを殺したベッソスはバクトリアを根拠としてペルシア帝国の再興をはかった。しかし、アレクサンドロスの追撃が急なため目的を果たさず、さらにソグドにのがれたが、捕えられアレクサンドロスに引きわたされた。

アレクサンドロスはソグドに侵入し、マラカンダ（現在のサマルカンド北部のアフラシアブ都城址）にはいり、さらにシル・ダリア川流域に進んだ。アレクサンドロスは、はじめペルシア帝国からの解放者として中央アジアの住民に迎えられたが、のちにそのはげしい抵抗に苦しめられた。ギリシア軍に対する軍事行動の中核となったのは、サカ、マッサゲタイなどの遊牧民であった。

アレクサンドロスは前三二九年から三二七年まで中央アジアにとどまったが、守備隊を残してインドにむかった。ギリシア人は早くからペルシアの傭兵として小アジアには来ていたが、中央アジアの地を踏んだのは、このときがはじめてであろう。アレクサンドロスの遠征によって、ギリシア人はアジアの奥地についての知識をもつようになり、アジアの文化を取りいれたが、それ以上にギリシア文化がこの地方に流入することになった。アレクサンドロス自身もギリシア文化をアジアに移し、またアジア文化の摂取につとめたが、彼の在生は短く、また軍事行動に追われたため、東西文化の融合が生じたのは、彼の死後である。

アレクサンドロスの死（前三二三年）後まもなく、彼の大帝国は分裂する。アレクサンドロスの部下の一人、セレウコスがバビロンを首都として東方を支配し、中央アジアもそのなかにはいった。

セレウコス王朝は、西方の他のマケドニア王朝、エジプトのプトレマイオス朝との戦いに忙しく、しだいに東方領土にたいする支配力が弱まり、前三世紀のなかばころ、ディオドトスがバクトリアで独立し、バクトリア王国（グレコ・バクトリア王国）が形成された。

パルティア帝国

前二五〇年ころ、バクトリア王国が独立したころ、コペト・ダグの東方、テジェン川の流域を遊牧していたパルノイとダアイの二種族が、アルサケスとティリダテスの二兄弟を頭にいただき、セレウコス朝のパルティアのサトラプ（太守）を倒して独立した。これがパルテイア帝国の起源である。東のバクトリア王国はギリシア人の支配する国家であったが、このパルティアは中央アジア人の国家であった。その後、パルティアはしだいに強大になり、西方はメソポタミア、小アジアまで領有したが、それとともにパルティア国家の中心は、本来の中央アジアから離れて西に移った。パルティアはローマと境を接し、両者のあいだにはげしい戦争がながくつづけられた。このように、パルティアは西のローマ、東のクシャン帝国、さらに東の漢帝国とともに旧大陸を四分する大帝国になった。中国の史書の安息がパルティアである。これはパルティアの王朝名、アルサケスの音訳である。

パルティア帝国は、三世紀初めにササン朝イランに滅ぼされる。パルティアの歴史はあまり明らかでなく、その考古学的研究もわずかである。しかも、その大部分はパルティア文化をヘレニズムの伝統から見るだけであった。そこで南トルクメニスタン考古学総合調査隊は、その設立の最初からパルティア文化の研究を重要な任務の一つとしていた。この調査隊の活動は一九四六年にはじめられたが、なかでも注目されるのはニサの発掘である。

ニサの旧都

アシュハバードの西方一八キロメートル、コペト・ダグのふもとのバギルという村の付近に新ニサ、旧ニサとよばれている二つの遺跡がある。ここは一九三〇―三六年に発掘されたことがあるが、本格的に発掘されたのは、南トルクメニスタン総合調査隊が組織されてからである。

新ニサ（面積約一八ヘクタール）は、パルティア帝国の初期の首都であった。ここは日乾煉瓦で築かれた城壁にかこまれていた。城壁には多数の櫓《やぐら》（望楼）がつくられている。城門は東側にあり、そのそばに、パルティア貴族の墓地があった。城塞が南部にそびえていた。城塞で穀物倉と事務所の跡が発見された。事務所には、土器片に墨で記した経済文書が残っていた。市街がどのようにつくられていたか明らかではないが、貴族地区は中流層や貧民の居住地区とはっきり分かれている。富者の住居は城の構内にあり、穀物や酒を入れる甕《かめ》が多数置かれていた倉庫が発見された。貴族地区は城の外にもあった。南西部に中・下層民の住居があり、その壁は日乾煉瓦でなくパフサ（たたき粘土）でつくられていた。町の外側の郊外地区は、今は果樹園になっているが、パルティア時代の建物の柱の石の台がところどころに見られる。この地域は、都市に住む貴族の農園で、野菜や果樹、とくにブドウを奴隷に栽培させていたのであろう。

旧ニサの遠望　発掘の光景

方形広間の発掘後の現状　ニサ

新ニサの南に旧ニサがある。ここも城壁でかこまれ、現在も明らかに認めることができる。旧ニサは面積一四ヘクタール。新ニサが一般の都城であるのにたいし、旧ニサはパルティア皇帝の禁園とでもいうべきもので、皇帝の宮殿、廟《びょう》、神殿などがあった。

南トルクメニスタン考古学総合調査隊は、とくに旧ニサの発掘に力をそそいだ。発掘の結果、ここに建てられた多くのパルティア建築がはじめて明らかにされた。旧ニサの建築物群は南北の二グループに分けられる。南グループの主要な建物に、方形広間と円形神殿があった。

方形広間は面積約四〇〇平方メートル、中央に高さ一二メートルの四本の円柱を集めた形の大きな四本の柱があり、壁は上下の二部に分けられ、下のほうは半円柱が壁にはめこまれ、上部は下部よりややくぼみ、円柱が並び、柱のあいだに等身大の彩色された土偶が立っていた。これらの像は完全に破壊されていたが、一九四八年の発掘のさい、約一八〇〇の断片からその一つを復元することができた。この広間の床は赤色の漆喰《しっくい》でおおわれ、柱と下部の壁は白色に塗られていた。上部の壁は赤色。上部の円柱はコリント式で、発掘のさい、円柱を飾った粘土製のアカンサスの葉が多数発見された。

円形神殿は方形広間の西南に連なる直径約一七メートルの円形の広間である。建築の装飾はだいたい方形広間と同じだが、下のほうはただ一面の壁で柱がなく、上部だけに円柱が並び、やはり土偶が並べられていた。壁の色は上下とも白色。天井は丸天井であった。方形広間でも、円形神殿でも、上下の壁のさかい、天井とのさかいを帯状に飾った植物模様や幾何学的文様の粘土製彫刻の断片が多数発見された。この二つの建築は数回にわたって改修されているが、だいたい年代は紀元前三—二世紀と考えられる。

北グループの主要な建物は、中央に中庭をもつ約三五〇〇平方メートルの大きな建物である。建物は数回改修されている。最初この建物は中庭を四方から柱廊がとりかこみ、柱廊のなかに三室ずつ、計一二の細長いへやがあった。この柱は木で、台は石だった。つぎに柱廊も部屋につくり変えられ、倉庫に使われた。この倉庫は、三世紀にパルティア帝国が滅びたとき、掠奪《りゃくだつ》をこうむったらしい。わずか少数のものが残っていたにすぎない。そのなかには、土器、彩色したり、一部に金をかぶせたりしたガラス器、鉄の武器、種々の象牙製品、土偶、銀や銅のエロス、アテネ、スフィンクスの像などがあった。

ここで発見された遺物のなかで、とくに注目すべきものは象牙製リトンである。リトンというのは角の形をした杯《さかずき》である。リトンは一九四八年、すなわち、ニサ発掘の第二年に発見され、無数の断片にくだけて地中に埋まっていた。ひじょうに苦心して、それらの断片から一〇〇以上のリトンが復元された。だいたい数十センチメートルのものだが、なかには相当大きなものもある。下部の尖端には半人半馬神《ケンタウル》、有翼獅子《グリフォン》などの怪獣や、女神の像がとりつけられ、上方の口縁部にはいくつかの人頭像がつけめぐらされ、その下にまた数センチメートルの幅で人物の群像が取りまいている。この群像はだいたいギリシアの神々で、祭礼や神話中の光景があらわされている。リトンの胴体はなめらかで、ただ端のほうに金や宝石を象嵌《ぞうがん》したものがある。リトンはひじょうに繊細につくられている。

その他、この倉庫から大理石の彫像の断片が発見されたが、それらは一見きわめてギリシア的である。なかでも、ヴィーナスらしき女神裸像は、ミロのヴィーナスを思わせる。

一九四八年に旧ニサのブドウ酒倉で、墨で文字を書いた土器片《オストラコン》が七片発見された。その後、新ニサでも同じようなものが発見され、しだいに数を増し、一九五四年には一二〇〇片以上に達した（現在ではもっと増えていると思う）。これに書かれたのはアラム文字で、前一世紀のものである。その内容は租税として徴集したブドウ酒出納《すいとう》のメモである。この文書の解読はディヤコノフ（一九〇七―一九五四年）とリフシッツがあたっている。中央アジアの他の地域では古代の文書史料はまだほとんど発見されていない（ホラズムのトプラク・カラの文書やソグドのムーグ山の文書は、これより時代が下がる）ので、ニサのパルティア租税文書は中央アジア古代史にとって貴重な史料である。

土器片にかかれた文書

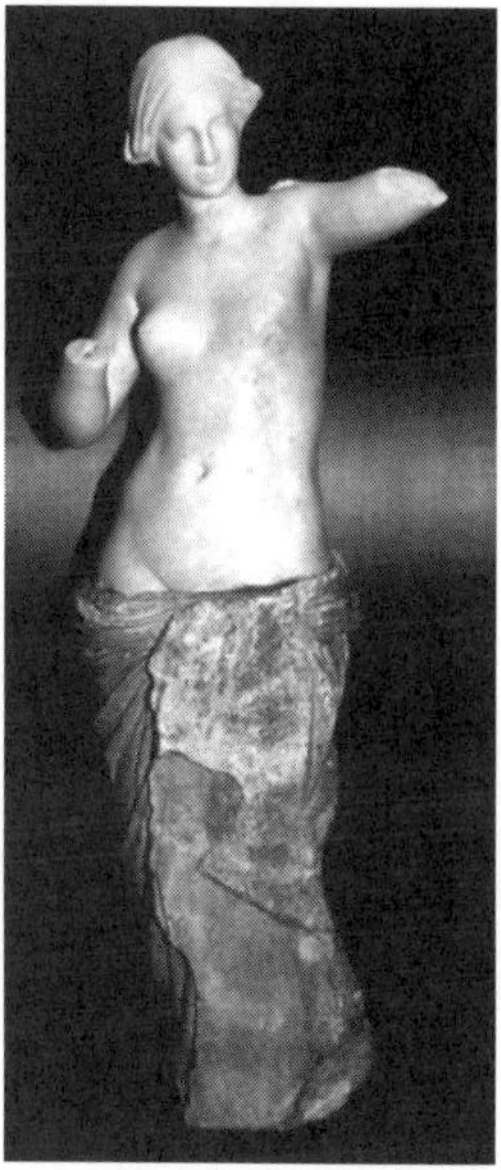

旧ニサ出土のヴィーナス像

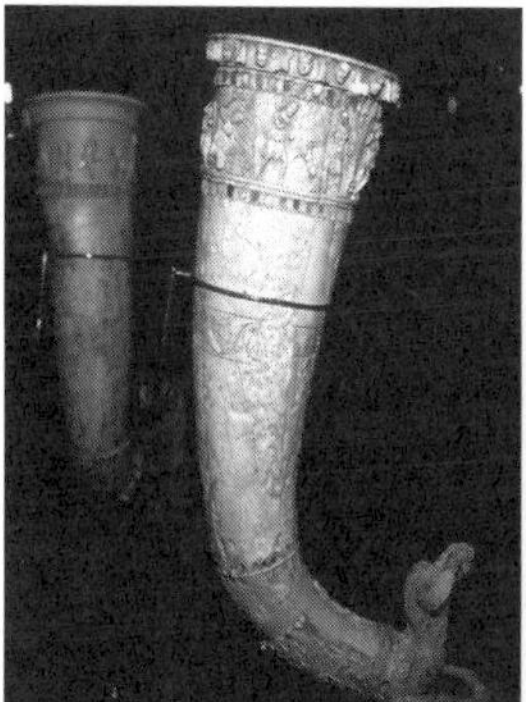

リトン　旧ニサ出土

西域の国々

中国人が中央アジアにかんする知識をもち、中央アジアとの交渉が生じ、たがいに人と物の交流がおこなわれ、いわゆるシルク・ロードが開かれる糸口をつくったのは、張騫《ちょうけん》である。

張騫の西使

漢の武帝が張騫を西域に遣わした直接の目的は軍事的・外交的なものであった。匈奴の侵略に苦しんでいた武帝は、はるか西方の大月氏《だいげっし》という未知の国が匈奴に苦しめられ、その国王は復讐《ふくしゅう》のため有力な同盟国をもとめているということを聞き、これ幸いとばかり、このチャンスを利用しようと考えた。そこで大月氏に遣わす使者を募ったところ、張騫という者がこれに応じた。今から二〇〇〇年以上も前、中国のほかに世界はないと考えられていた当時、未知の西方に出かけることは、空前の大冒険であった。

張騫が中国を出発した正確な年時はわからないが、前一三九年ごろと考えられる。張騫は国境を出るとまもなく、匈奴に捕えられ、一〇年も抑留されていた。ようやく隙を見いだした張騫は、匈奴の地をのがれて西にむかい、大宛《だいえん》に達した。大宛で国王の援助を得、康居を経て大月氏に着くことができたが、大月氏は漢と同盟の相談にのらなかった。一〇年以上の辛酸をなめた冒険旅行も、ついに実をむすばなかった。しかし、張騫の旅行の副産物というべきものが、ひじょうに大きな結果をもたらす。張騫は自ら通過した大宛、康居、大月氏などの国々ばかりでなく、伝聞によっても中央アジアの国々や種族について豊富な知識を蒐集してきた。張騫の詳細な報告によって、西の砂漠や草原や高山のかなたに珍奇な文物に富み、栄えた国々のあることを知った武帝は、西方への興味を大いにそそられた。その後、武帝は西方諸国、いわゆる西域にたいする軍事行動と商業活動を活潑に開始する。

オクサス遺宝

一八七七年、ブハラのある商人がコバディアン地方（バクトリアの一部、アム・ダリア川にそそぐカフィルニガン川の流域）を通ってインドにむかった。そのとき、彼は多数の金銀細工品（一七七点）や貨幣（一三〇〇点）を買わないかと原地人からもちかけられた。その出所は全然わからなかったが、とにかく、コバディアンのどこかで掘りだされたものらしかった。もちろん、この商人はそのようなことには関心をもたないので、なにもせんさくせずにそれを買いとり、旅をつづけた。ところが、途中で山賊に奪われたが、商人は苦心の末、その大部分を取りもどし、インドに行って売りはらった。その後、それらのうちの目ぼしい品は、しだいにインド在住のイギリス人蒐集家の手にはいり、最後には大英博物館に収蔵された。

イギリスの学者ダルトンは、一九二六年に、オクサス（アム・ダリア）遺宝と名づけて、この美術工芸品について発表した。ダルトンは、この遺宝の大部分は、ペルシア人やメディア人などがつくったものだと考えた。これは、当時はまだ中央アジアの芸術について全然知られていなかったからであろう。

オクサス遺宝には、きわめて種々さまざまのものがはいっている。若干の貨幣は前三―二世紀のものである。しかし、その装身具や調度品は貨幣より年代が古い。たとえば、サカの戦士の像を打ちだした黄金板は、前六―五世紀のものと考えられる。おもしろいのは、やはり黄金製の四頭だての馬車の模型で、車上に二人の人物が乗っている。その他、両端がヤギの頭になった黄金腕環、銀製の人物像など、オクサス遺宝にはすぐれた美術品が多い。

オクサス遺宝の品々は、一ヵ所で一時に発掘されたのではなく、土地の人があちこちの墳墓、城塞や都市の廃墟から発見したものがしだいに集められたのであろう。したがって、全部が同じ時代、同じ場所のものではない。

オクサス遺宝はバクトリア人の手になり、バクトリアにおける文化の発展をものがたるものである。

バクトリア

バクトリアはアム・ダリア川の上流および中流に位置し、その領域は現在、北部はソ連邦のウズベク共和国とタジク共和国、南部はアフガニスタンが占めている。バクトリアという名はベヒストゥン碑文や『アヴェスタ』（ゾロアスター教の聖典。その主要部分は前六—四世紀のものらしい）に見えている。すでに述べたように、アケメネス朝ペルシアが征服する以前から、この地方に国家が存在していたと考えられる。バクトリアが、西のマルギアナを政治的に支配していたかどうかは不明だが、マルギアナと一体になっていた。したがって、ペルシアは中央アジアを征服すると、バクトリアとマルギアナをあわせて一つのサトラピア（州）にした。当時バクトリアは、中央アジアで政治的にも文化的にも最も重要な地域であったらしく、このサトラピアの長官（サトラプ）は、いつもアケメネス王朝の一族の者が選ばれていた。

さきに述べたように、アレクサンドロスの死後、彼の大帝国は分裂し、結局、中央アジアを含む東方地方はセレウコス王朝の支配するところとなったが、前二五〇年ころ、パルティアの独立と時を同じくして、ディオドトスが独立し王位につき、バクトリア王国が成立した。セレウコスやその以後の支配者は、アレクサンドロスにならって東西文化融合政策をつづけ、ギリシア文化を中央アジアに浸透させようと試みた。しかし、彼らの政治も文化も、中央アジア人にとっては、しょせん外来のものであった。

前一四〇—一三〇年ころ、ギリシア人のバクトリア王国は、ついに中央アジア人に倒された。バクトリア王国を滅ぼしたのは、サカ・マッサゲタイの種族連合で、中国の史料はそれを大月氏とよび、ギリシア・ローマの史料は、その一つ一つの種族名を列挙している。それらのうちで中心的位置を占めるのはトハラ族である。トハラ族はシル・ダリア川下流地方で農耕・牧畜の生活を営んでいた。トハラ族がバクトリアに移住したので、のちにバクトリアはトハリスタン（トハラ族の国）とよばれるようになった。中国史料の大夏《たいか》は、このトハリスタンの音訳で、バクトリアのことである。張騫が中央アジアを訪れたのは、ちょうどこの時代だった。バクトリア王国を顚覆《てんぷく》させた諸種族のなかからのちにクシャン帝国が生まれる。

タジク考古学調査隊

今述べたように、バクトリアは現在、ウズベク共和国とタジク共和国のなかにはいっている。一九四六年からのタジク考古学調査隊（旧称ソグド・タジク考古学調査隊）以前には、タジキスタンの発掘は、全然おこなわれなかった。一方、ウズベク共和国にはいっている所では、一九二六年に、モスクワ東洋文化博物館のデーニケの調査隊によって調査と発掘がおこなわれた。これはソヴェート考古学者の中央アジア南部への第一歩であった。このときは、テルメス周辺の中世遺跡が主要な調査目標とされた。しかし、古代のテルメスは、バクトリア文化の中心の一つであり、前方アジアやインドから中央アジアや中国に通ずる重要な通商路——シルク・ロード——に沿っていたことは忘れられない。

アイルタムの楽師像

一九三二年に、テルメス付近のアイルタムで、人像を刻んだ石の板が偶然発見された。マッソンは、この石はなにか神殿――おそらく仏寺――の建物の装飾帯《フリース》の一部に相違ないと考えた。この発見がきっかけとなって、その翌年、マッソンを隊長とする特別な調査隊が派遣され、同様な楽師像の断片が発見された。

しかし、バクトリアの計画的な研究がはじめられたのは、マッソンのテルメス考古学総合調査隊からで、この調査隊は一九三六、三七の両年にわたって調査をおこなった。

第二次世界大戦中は、考古学的活動も中止されていたが、平和の見通しがつくとさっそく、一九四五年二月、モスクワにおいて全ソ連邦考古学会議が開かれ、ソヴェート考古学の二五ヵ年間の成果が検討されるとともに、将来の計画が討議された。多くの重要な考古学的調査がはじめられることになったが、タジク考古学調査隊もそのうちの一つである(前にしばしば触れた南トルクメニスタン考古学総合調査隊も、このとき組織された)。この調査隊の隊長に、ヤクボフスキイ(一八八六―一九五三年）が選ばれた。

タジク調査隊は一九四六年から活動をはじめ、まずこの年は二隊に分かれて偵察調査がおこなわれた。その一隊はベレニツキイが率いて、南タジキスタン平野の東部、他の一隊はデイヤコノフ（一九五四年、惜しくも活動なかばに死す。一九〇七年生）の指揮のもとに同平野の西部、主としてギッサル河谷を調査した。

その後、ベレニツキイはもっぱら北部のピャンジケントの発掘をおこなうことになり、南部はカフィルニガン隊とよばれる一隊が、主としてカフィルニガン河谷の調査をつづけた。

前述のように、バクトリアの南半部はアフガニスタンに属する。アフガニスタンの発掘は、フランスの考古学者によっておこなわれている。

コバディアン・オアシス

コバディアン地方は、古代の遺跡の多い所である。古代の遺跡の多い所では、昔は盗掘がさかんであった。一八八六年に、この地方を旅行したある軍人は、タフタ・クヴァドという廃墟でいつも数十人の人々が土を掘っているのを見たと記している。そこである人が等身大の黄金偶像を掘りだしたとの言い伝えがあったからである。今でも、この地方にいろいろな伝説がある。たとえば、ある人がトシュ・テペという丘で穴を掘ったところ、黄金の竜を掘りだした。ところが、その姿があまり恐ろしいので、また埋めてしまった。また、鍬《くわ》が触れると消え失せるお金の入った壺《つぼ》、ウリ畑や菜園で発見された黄金偶像などの話がある。このような伝説は、中央アジアの他の地方にも多い。コバディアンは、このような地方なので、さきのオクサス遺宝が、この地方に関係があるのも偶然でないだろう。

コバディアン地方の中心都市、ミコヤナバード（旧称コバディアン）市内に革命前までこの地方のベク（地方支配者）の城だったカライ・ミールの廃墟がある。タジク調査隊は一九五〇—五一年に、ここで古代バクトリアの住居を発掘した。それは日乾煉瓦でつくられた七へやで、大きさは幅一・五—三メートル、全部発掘されたもので長さ五・五メートルである。壁は外側が厚く、内側が薄い。全体的に壁が薄いので二階建ではなく、また破壊がひどいので、屋根の形は明らかでないが、丸太かアシを並べたと思われる。カライ・ミールの土器（九〇パーセントはロクロが使われている）は円筒形のものが多く、これは前に見たようにアフラシアブ（サマルカンド）やギヤウル・カラ（メルヴ）などとおなじ形のものである。ここでは前七—五世紀の銅鏃が発見された。鉄の針や小刀も発見されている。カライ・ミールの古代バクトリアに農業と牧畜のほか、土器、織物の製造、鉄や銅の鋳造など、発達した手工業の存在したことが、発見された遺物によってわかる。

カライ・ミールの集落の住居は、最も古いのは前六世紀であるが、この集落がとくに発展したのは前三世紀から後四、五世紀で、だいたいバクトリア王国からクシャン帝国の末期までにあたる。

カライ・ミールの遺跡は、灌漑工事をおこなわなければ、農耕も定住もできない地形のところに存在しているので、この地方が前七—六世紀に灌漑農耕地帯になったことの有力な証拠である。

古代バクトリアの都市

ミコヤナバードの中心から東北一・五キロメートルにケイ・コバド・シャーの都城址がある。この遺跡は一辺二九五メートルと三九〇メートルの城壁にかこまれた長方形である。今は小さな丘が並び、それを土手がつないでいる。いうまでもなく、望楼と城壁のなごりである。城壁にかこまれたなかは、棉畑《わたばたけ》になっている。ケイ・コバド・シャーは一九五〇、五二—五三年にタジク考古学調査隊によって発掘された。

ケイ・コバド・シャーの城壁の望楼は、外側にかなり突出している。望楼をつなぐ城壁は、中央アジアの他の多くの都城のそれと違い、内部に弓を射るための通廊がつくられていない。したがって、城壁は厚く堅固で、破城槌《はじょうつち》による攻撃がじゅうぶん考慮されている。望楼は二〇メートルごとに立ち、その底面は一三メートル×六メートルで、高さは六—七メートル、上のほうにむかっていくらか細くなっている。望楼の城壁と同じ高さの面に見張り台兼倉庫の建物がある。望楼は長いほうの一辺に一一（端のを含む）、短いほうの一辺に九（端のを含む）、総計三六の望楼が立っていたが、現在は二八だけ残っている。これらの望楼

ケイ・コバド・シャーの城壁

や城壁の上に戦士を配置するには、かなりの人数が必要である。そのために、古代の都城では、城内の戦闘能力ある住民（共同体員）はすべて、戦時には武器を取った。

望楼や城壁は日乾煉瓦で築かれた。この煉瓦の大きさは縦横ともに三三―三六センチメートル、厚さ一二―一六センチメートルで、きれいにつくられていた。日乾煉瓦の寸法は、時代により、地方により一定の標準がある。たとえば、前八―七世紀から後四世紀ころまでのホラズムでは、だいたい縦横それぞれ四〇センチメートル、厚さ一〇センチメートルである。またマルギアナではいくら、ソグドではいくらとおのずからきまっている。したがって、日乾煉瓦の寸法は考古学者にとって大事なことである。バクトリアでは、右の寸法の日乾煉瓦が前七世紀から後五―六世紀まで、つづいて使われている。ところが、封建時代になると、初期にはまだ日乾煉瓦が使われているが、それは長方形で大きなものになる。後期になると古代より小さいが、焼いた正方形の平たい煉瓦があらわれる。ケイ・コバド・シャーの大部分の日乾煉瓦には幾何学的な形、ギリシア文字

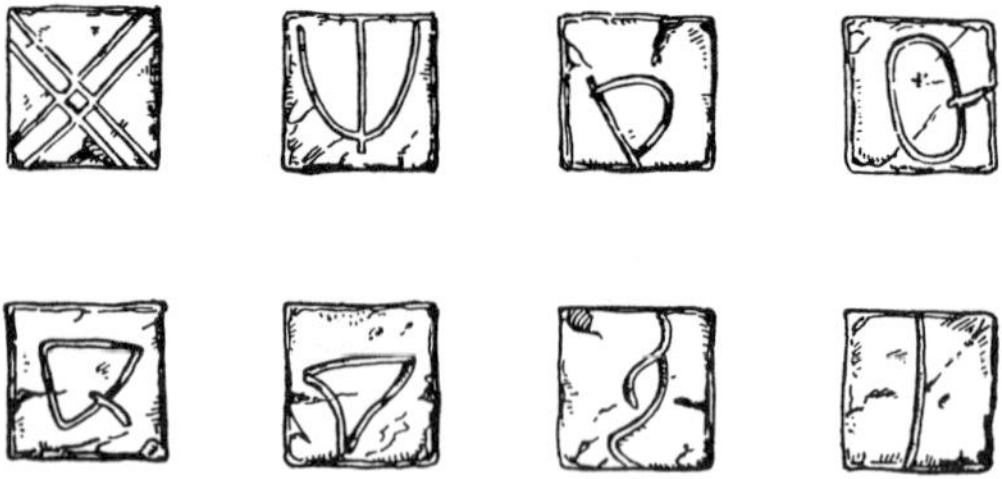

ケイ・コバド・シャー日乾煉瓦の記号

（正確にいえばギリシア文字を変形したクシャン文字）、クシャン帝国の貨幣にあるような記号などが、乾かす前に、指でつけられている。日乾煉瓦はひじょうに数多く必要であり、またその製作は簡単だったので、都城のすべての住民、あるいは、その大部分がその製作にあたったにちがいない。煉瓦につけられた記号は、グループに分かれて製作に参加した、住民グループの記号であろう。

住居は中庭のまわりに集まった小さなへやからなる家屋で、それらが城壁内に規則正しく配置されている。へやは、戸口や天井の穴、あるいは天井と壁との間の穴などからあかりを取った。また人工の照明としては、小さな土製の燭台が発見されている。あるへやには、壁に粘土の壇がつくられていた。へやの壁は漆喰で白く塗られた。

ケイ・コバド・シャーの都城は前三—二世紀におこり、後三—四世紀に滅んだ。この時代はバクトリア王国からクシャン帝国の時代で、中央アジアの古代社会が全盛期に達し、ついで衰退にむかった時代である。これは、たとえば、土器にもあらわれている。カライ・ミールの古い土器にくらべて、ケイ・コバド・シャーの土器は質もつくりも良く、種類も多くなり、標準化され、専門的な手工業生産の発達を示している。しかるに、三―四世紀は、古代社会の衰退期で、土器の質も形も悪くなる。

ケイ・コバド・シャーのほか、さきに見たパルティアやマルギアナの堅固な城壁にかこまれ、計画的につくられた正しい形の都城は、ギリシア文化の影響によって生まれたもので、アレクサンドロスの中央アジア侵入以前には存在しなかったという説がある。しかし、最近の考古学的研究の結果によれば、この説は否定される。たとえば、アレクサンドロスの侵入より少なくとも一、二世紀以前に、ホラズムにはカラルイ・グイル、キュゼリ・グイルなどの大きな都城が存在している。

トゥプ・ホナの墓地

タジク調査隊のカフィルニガン隊は一九四六―四八年に、カフィルニガン川上流のギッサル付近の調査をおこなった。この地方の山麓部では、ちょうどコペト・ダグの北麓とおなじように、下流のミコヤナバード付近より早くから農耕が営まれていた。ここでは原始農耕民集落の発掘はおこなわれなかったが、トゥプ・ホナというところで大きな墓が発掘された。

トゥプ・ホナには、付近の住民が幾世紀ものながいあいだ死者の埋葬をつづけた、墳墓の元というべきものが、数層にかさなっている。いうまでもなく、下のほうのものがだいたい古い時代に属する。発掘の結果、この層は四層に区別され、それぞれ埋葬様式が異なることが明らかになった。

そのいちばん上層、すなわち、最も新しい時代の墳墓には、浅い墓壙《ぼこう》のなかに背を下にした遺体が頭を北に葬られていた。墓壙は素掘りのままでなく、日乾煉瓦で縁をかこんだものもあった。副葬品は全然存在しない。この墳墓はゾロアスター教式でもないが、またイスラム教式でもないので、八世紀——アラビア人の征服——より前のものであろう。

この下には別の墳墓がある。遺体は頭を北にしているが、しばしば右脇を下にし一方の手をまげている。ある墳墓には、死者の手のところに碗《わん》の断片、足のところに古代末期（四世紀ころ）の台付き杯状の容器があった。この形式の墳墓は数が多く、またなかには、たがいにかさなり合っているものがあるので、この埋葬様式がながいあいだおこなわれたと考えられる。

その下には、また違った様式の墳墓があった。遺体は背を下にし、頭を北、顔を西にむけている。墓壙の内部は日乾煉瓦が敷かれ、なかには上も日乾煉瓦や固めた粘土でおおったものがある。このタイプの墳墓の古いものには、死者があの世で使うための容器が収められ、また口のなかに銀貨をふくませたものがある。この貨幣は、あの世への渡し賃で、このような風習はギリシア人にも見られる。この第三の種類の墳墓は、土器や貨幣によって、前一世紀から後のものであると断定できる。

最後に、最も古い最下層の墳墓には、頭を西にした屈葬体があった。ある墳墓で、石器とヒツジの骨が発見された。ヒツジの骨は死者のための饗宴《きょうえん》の遺物か、あるいは死者の死後の食物であろう。このタイプの墳墓がいつの時代のものか定めるのは困難であるが、おそらくカライ・ミールの最古の建物より古いものであろう。

トゥプ・ホナ墓地は、古代バクトリア人の信仰を研究する資料を提供しているが、それと同時に古代バクトリア人がいかなる人種であったか決定する重要な資料となる。トゥプ・ホナから発掘された多数の人骨は、人類学者のギンズブルグによって研究された。バクトリアの古代住民はユーロポイドで、イラン系に属し、また現代のタジク人も基本的にはおなじタイプ——後に述べるように、モンゴロイドとの混血もおこってはいるが——なので、タジク人は古代バクトリア人の子孫であるとギンズブルグは述べている。中央アジアの他の地方についても、それぞれ人類学的資料によって、たとえば、トルクメン人はパルティア人の子孫、ウズベク人は、ソグド人の子孫などと同様なことがいわれる。

クシャン帝国

バクトリア王国を滅ぼした大月氏のうちで、クシャン（貴霜）という種族が前一世紀終わりころからしだいに有力になり、バクトリア（トハリスタン）を中心として中央アジアを統一し、ついにインド西北部をふくむ大帝国を建設した。クシャン帝国はカニシカ王（年代については異論が多い。一応、七八―一二三年としておく）のとき、全盛期になる。このころ、クシャン帝国は西のパルティア帝国と戦い、東は東トルキスタンまで勢威を張り、中国（後漢）とも相争う。最初クシャン帝国の中心は、中央アジアにあったが、カニシカ王のとき、首都は北東インドのペシャワルに移された。

クシャン時代は、中央アジアにおいて古代社会が最も発達した時代で、各地で大きな灌漑運河がつくられ、大きな都城がおこり、商工業がさかんであった。また、文化的に特筆すべきことは、カニシカ王が仏教を国教としたことである。この仏教が中央アジアから、東トルキスタン、中国などを経て、ついにわが国に伝わった。

カニシカ以後、フヴィシカ、ヴァスデヴァなどの諸王が立ったが、その後、クシャン帝国はしだいに衰え、三世紀には中央アジアと政治的に連絡が絶え、クシャン帝国は分裂する。

クシャン時代の文化は、中央アジアばかりでなく、アフガニスタン、東トルキスタンなどの多くの遺跡において明らかにされている。中央アジアでは、とくにウズベキスタンの東南部とタジキスタン西南部において、クシャン文化のすぐれた遺物が発見されている。タジキスタンについては、すでにカライ・ミールとケイ・コバド・シャーの発掘をあげた。

一九三二年に、テルメスから一八キロメートル上流のアム・ダリア河岸のアイルタムで、石像が偶然発見され、その翌年、マッソンの調査隊によって同様なものがさらに発見されたことは、すでに述べた。この仏寺（一世紀ころ）の壁の装飾帯《フリース》は少年と少女の楽師の像で、一列に並んだ像はアカンサスの葉で区切られている。この石像は一見ガンダーラ式に似ているが、様式の点でも、技法の点でもガンダーラ彫刻とは異なり、テルメス地方に独自の伝統とエコールがあったことをものがたる。人物の顔も、服装や楽器も、まったくギリシアではない。この高さ三七センチメートル前後の石灰岩の彫刻は、中央アジア美術史の傑作の一つに属し、現在、レニングラードのエルミタージュ博物館に陳列されている。その後、テルメス考古学調査隊によって、テルメス付近のカラ・テペとチンギス・テペで、一世紀ころの岩窟寺院の遺跡が発見された。クシャン時代は中央アジアにおいて最も仏教がさかんな時代で、とくにバクトリアはその中心であった。またテルメスの西北方のハイラバード・テペの発掘のさい、ローマ皇帝ネロの貨幣のほか、ニケ（ギリシアの勝利の女神）やラオコンを形どったテラコッタが発見されたことは、中央アジアにおけるギリシア・ローマ文化の一斑を示すものとして興味がある。

ソグドでは、アフラシアブ、タリ・バルズー、その他多くの遺跡には、クシャン時代の文化を含む層が存在しており、またブハラやヴァラフシャなどの現在知られている最古の層は、クシャン時代のものである。

なお一九五一―五二年に発掘された、ブハラ東北方にある一世紀ころのクユ・マザール墳墓の遺物（鉄剣、鏃、その他）は、ヴォルガ川流域や南ウラル地方の遺物にきわめて似ているが、これは前述のようにクシャン帝国をつくった大月氏（トハラ）がシル・ダリア川下流からおこったことにつながるであろう。ついでながら、中国の史料には、大月氏は東トルキスタンから匈奴に追われてバクトリアに侵入したことになっており、大月氏のシル・ダリア下流起源説と矛盾するが、これはいったんはるか東のほうまで進出した大月氏が匈奴のために押しもどされたのだと考えられる。

フェルガナ

フェルガナは、シル・ダリア川の上流、四方をほとんど山にかこまれた盆地で、その北寄りにシル・ダリア川が流れている。フェルガナはコペト・ダグ北麓地方よりはおくれるが、中央アジアにおいて早くから農耕文化がおこった地方の一つである。張騫が訪れたころ、この盆地を中心として大宛という一国が形成されていた。

前一〇〇〇年紀のなかばころ、マルギアナ、バクトリア、ソグドなどでは、標準化された同じ形の土器が見られるが、フェルガナにはそれが見られないのは、フェルガナがこれらの地方と異なった文化圏に属していたからだと思われる。

フェルガナの考古学的研究は、今から三〇年ほど前、この地方における運河や発電所の建設とともに進められ、多くの遺物が集められ、その研究がはじまったが、ベルンシュタムによってそれらが体系化され、古代フェルガナ文化発展の跡が明らかになりはじめた。その後、ザドネプロフスキイがベルンシュタムのあとを継ぎ、多くの遺跡の発掘をおこなっている。

フェルガナ盆地の東部にエイラタンのゴロディシチェがある（ゴロディシチェというロシア語は考古学的には、防禦施設のある集落の意味で、本書で都城あるいは都市といっているもの）。このゴロディシチェは東西に長い長方形で内と外と二重に城壁がある。外側の城壁は長いほうの一辺は約二二〇〇メートル、短いほうは約九〇〇メートルである。この城壁にかこまれたなかに、中心から東南寄りに四〇〇メートルと五〇〇メートルの城壁にかこまれた部分がある。外側の城壁がかこんでいる広さは約二〇〇ヘクタール、内側は二〇ヘクタールである。人が住んでいたのは内側の部分である。外側は空地で建築物はなかった。外側の城壁は東側に残っているだけで、他の部分は大部分失われている。内側の城壁は南側をのぞき、高さ四メートルほどの堤防の形で比較的よく残っている。五、六十メートルおきに望楼があったことがうかがわれる。エイラタンは一九三三―三四年にラトゥイニン、一九五二年にベルンシュタムのパミール・フェルガナ調査隊（ザドネプロフスキイ）と断続的に調査・発掘されたが、最近また発掘が進められている（一九五八、六〇年。オボルドゥエヴァ）。エイラタンのゴロディシチェは、ここで発見された土器によって、前一〇〇〇年紀の前半のものと推定される。

このゴロディシチェは、危険のさいの避難所で、外側の空地は家畜の追込み場である。エイラタンは、そのプランといい、その広大さといい、ホラズムのキュゼリ・グイルのゴロデイシチェと似ている。この二つのゴロディシチェは、おなじ時代の中央アジア南部の遺跡とはまったく異なっている。紀元前一〇〇〇年紀なかばの中央アジアの南部と北部の遺跡を比較すると、内部が空地になった防禦集落と内部が建築物で埋められた都城の二種の集落が同時に存在していた。前者は、このエイラタンやホラズムのキュゼリ・グイルなどで、後者はこれまで見てきたマルギアナやバクトリアの都城である。マルギアナやバクトリアの都城は、エイラタンなどのゴロディシチェにくらべると面積はせまいが、正しいプランをもち、計画的につくられ、城壁などの防禦施設が堅固にできている。エイラタンのゴロディシチェは、牧畜の比重の大きいこと、都市がまだ発達していないことなどをあらわし、したがって、フェルガナでは、この時代には、国家の形成がまだ中央アジア南部——マルギアナやバクトリアなど——ほど進んでいないことをものがたっている。

フェルガナ盆地の東のはずれに、シュラバシャートのゴロディシチェがある（フェルガナ盆地の大部分はウズベク共和国に属するが、ここはキルギス共和国にはいる）。このゴロディシチェも東西に長い長方形で、長いほうは一四〇〇メートル、短いほうは五〇〇メートルである。面積七〇ヘクタール。東、北、西の三方に城壁があり、ほぼ中央部にある南北の城壁で東西の二部に分かれ、さらに東半部の地域の東南部は三〇〇メートルと二八〇メートルの城壁で区切られている。この東南区域の東の隅に城塞があった。シュラバシャートは一九五四—五六年にザドネプロフスキイが発掘した。このゴロディシチェの全盛期は前三—一世紀である。シュラバシャートの彩文土器は、エイラタンの土器の継続であるが、新たな発展が生じ、シュラバシャートほど多種多様の彩文土器が発見される所は、今のところ、中央アジアの他の地方に存在しない。

今エイラタンとシュラバシャートの二つの中央アジア南部の都城に準ずる農耕遺跡をあげたが、現在、フェルガナの各地で大小さまざまの農耕集落が数多く発見されている。これらの農耕集落はいずれも前一〇〇〇年紀後半から繁栄しはじめる。これらの農耕文化を基礎として、フェルガナ盆地とその周縁を支配したのが、張騫が訪れた大宛である。

張騫以前のフェルガナについては、あまり明らかでない。しかし、アケメネス朝ペルシアの支配は、シル・ダリア南部にとどまってフェルガナには及ばなかったらしい。またアレクサンドロスもフェルガナの地には侵入していない。これはフェルガナが独立を保っていたというより、むしろ当時は征服者を惹きつけるほどには発達していなかったのかもしれない。バクトリア王国がフェルガナを支配したかどうか明らかでないが、大月氏とフェルガナの関係は深かった。クシャン帝国のときには、フェルガナはその領内にはいった。

弐師城

張騫は最初の西域旅行から帰って数年後、ふたたび烏孫に派遣される。武帝は烏孫と連合して西域に勢力を伸ばそうと望む。こんども武帝の意図はかならずしも実現されはしなかったが、張騫は烏孫の使者を同伴して帰国し、その後西域諸国から使者の来朝もあり、漢と西域との交通がはじまるようになった。漢は毎年漠北に兵を出し、匈奴と戦ったが、その勢力はしだいに西に延び、大宛から東方の交通路はだいたい確保していた。漢が西域との貿易を欲したように、西域諸国も漢の産物――とくに絹――を求め、朝貢の形式で貿易をおこなった。

武帝は西域の文物に一種のあこがれをもったようであるが、とくに西域のウマを求めてやまなかった。大宛は名馬を産し、とくに弐師城のウマはすぐれ、国王はそれをかくして漢人には見せないと聞き、この善馬を手に入れようとした。武帝は多額の黄金と黄金製のウマを使者に持たせ大宛に遣《つか》わした。ところが、大宛はウマを与えず、かえって使者を殺害した。武帝は大いに怒り、李広利を弐師将軍に任じ、大宛遠征を命じた。李広利の軍隊は大宛に到達しない前に、途中でひじょうな損害をこうむり、遠征は失敗に終わった。そこでふたたび大遠征軍が組織され、兵六万のほか、ウシ一〇万頭、ウマ三万頭以上、ロバ、ラバ、ラクダ等おのおの一万頭と輜重《しちょう》もじゅうぶん用意された。こんどは大宛に到達することができ、弐師城を包囲した。漢軍は弐師城の水を絶ち、包囲四十余日にして外城を陥れた。ついに内城の人々は、国王を殺し名馬を引き渡す条件で漢軍に降服した（前一〇四―一〇一年）。

この弐師城というのは、どこであろうか。その位置について、多くの異論がある。ベルンシュタムは弐師城をオシュ市付近のマルハマトというゴロディシチェに比定した。このゴロディシチェは長方形で、面積三八ヘクタール。堅固な城塞をめぐらし、城壁には望楼がついていた（西壁に一八、東壁に一六、北壁に一二、南壁に六。いずれもかどのものは数えず）。南西隅の望楼はいくらか高く、城塞と思われる。このゴロディシチェは、緊急事態のさいの家畜追込み場であろう。マルハマト・ゴロディシチェは、そのプランや位置のほか、前二世紀から後二世紀の遺物が地上に散乱していることなどから、弐師城とされた。

マルハマト・ゴロディシチェが存在した時代に、フェルガナでは農耕文化がさらに発展をとげ、集落の数がひじょうに増え、政治や商工業の中心としての都市が出現し、これらの都市は規則的な長方形のプランを取るようになった。これらの現象は、墳墓や土器などにおける変化とともに、前六—四世紀にはじまり、階級社会が生まれ、国家の発生をもって終わった大きな社会的変革の結果である。前二—一世紀にフェルガナの都市は大いに繁栄する。張騫がフェルガナを訪れたのは、このようなときであった。

マルハマト・ゴロディシチェを弐師城とすることに関連して、おもしろい事実がある。

汗血馬

張騫の伝えるところによれば、大宛は善馬を産し、このウマは天馬の子孫で、血の汗をかくという。血の汗をかくというのは、どんな生理現象をいうものか明らかでないが、いずれにせよ、大宛のウマがすぐれて良き品種であることの形容であろう。武帝は最初烏孫のウマ

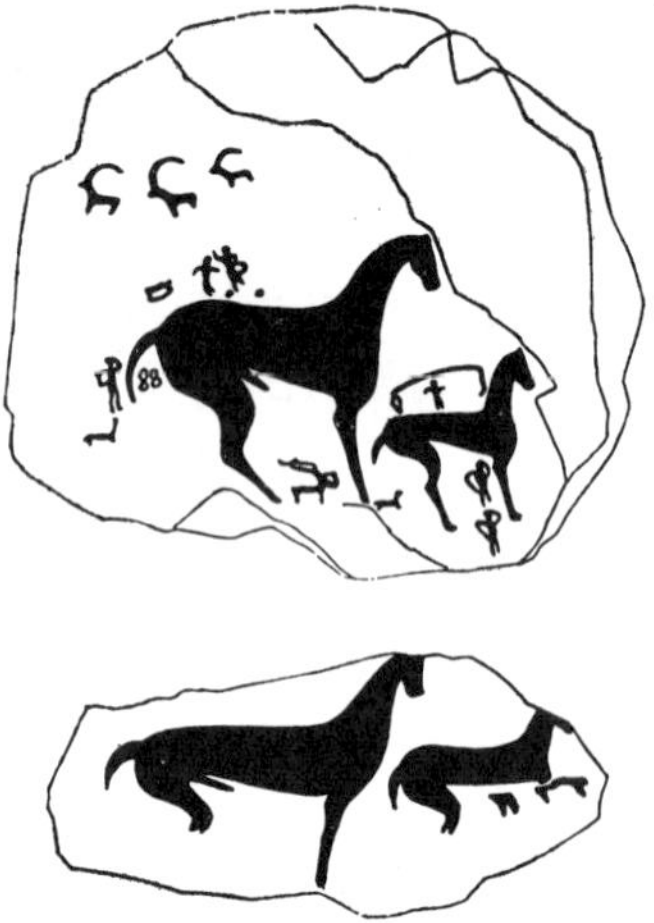
アルヴァン岩壁のウマの図

を得、それを天馬と呼んだが、のちに大宛の汗血馬を入手したので、あらためて汗血馬を天馬と名づけていた。

　オシュ市の西北、二五キロメートル、フェルガナ市への道路に沿うアルヴァン川の右岸の崖《がけ》に岩壁画がある。下から十五、六メートルの所、二メートル四方にウマ、ヤギ、人間が刻まれている。二頭のウマが影絵のような形でつくられている。ウマの姿は胴がしまり、頸《くび》が長く頭が小さく、脚も形がよく、きわめてスマートである。ウマの上下に小さなヤギや踊る人間がウマと異なる手法でつくられている。年代はウマより古い。おそらく、のちになってこれらの上にウマを刻んだのであろう。この二頭のウマの三メートルほど下方に、またおなじような姿勢でウマがおなじ手法で刻まれている。

　オシュ市の西方八キロメートルのアイルイマチ・タウの岩壁にもウマが刻まれている。ここに三四の図があるうち、三〇はウマで、アルヴァンのものよりやや細めであるが、やはり形が整っている。

中央アジアやシベリアでは、ヤギやシカなどを刻んだ岩壁画が所々にあるが、それは狩猟や飼育の対象となった動物の繁殖を祈る呪術的《じゅじゅつてき》な目的のものである。アルヴァンとアイルイマチ・タウのウマは、この地方のウマを飼育する人々によってつくられ、またこの地方がウマ飼育の中心であったことがうかがわれる。この二ヵ所の岩壁のウマは、前一〇〇〇年紀なかばのものであろう。

ソグド

アム・ダリア川とシル・ダリア川のあいだに、ザラフシャン川とカシュカ・ダリア川がだいたい東から西へ流れている。この二つの川の流域がソグド（ソグディアナ）である。ソグドという名はベヒストゥン碑文や『アヴェスタ』にも見え、この地方は早くから農耕がおこなわれ、中央アジアで最も文化的な地域の一つであった。

ザラフシャン川流域では、考古学の資料によれば、灌漑組織は前六―五世紀に発生した。アフラシアブやタリ・バルズーの発掘は、これらの都城の最も古い部分が前六―五世紀につくられたことを示している。これは同時に、この時代に灌漑組織が出現したことをものがたるものである。中央アジアでは、未発達な原始的農業ならば、山麓地帯で山から流れ出る川の水を利用するだけで足りたが、発達した農業は、このような条件では不可能である。中央アジアはひじょうに雨が少ないので、山麓地帯を離れ、広い平野で農業を営むには、どうしても人工灌漑をおこなうことが必要であった。また人工灌漑をおこなうためには、運河を開き、それを維持するための経験や知識、生産力の発展などが不可欠である。中央アジアの農業は人工灌漑なしでは存在しない。したがって、灌漑組織は、社会がある程度発達したとき、出現した。また都市や集落の存在は同時に、灌漑組織の存在を示すものである。

ソグドはアケメネス王朝がおこると、その版図にはいった。ついで、アレクサンドロスの侵入があり、中央アジアにおけるアレクサンドロスの軍事行動はおもにソグドでおこなわれた。その後、ソグドはだいたいバクトリア王国、クシャン帝国などの支配下にあった。

ソグドではアラム文字をもとにしたソグド文字が使われたが、ソグド文字を記した貨幣は、前二―一世紀のものが発見されている。ちなみに東トルキスタン（敦煌）で発見されたソグド文字文書は四世紀のものである。ソグド語はトハリスタン語に似て、両者とも東イラン語の一派である。

アフラシアブ都城址

ソグド最大の都市はサマルカンドである。もっとも、これは現在のサマルカンドの町ではない。その北部のアフラシアブという廃墟が、前六世紀に建設され、十三世紀にモンゴル人によって破壊されるまで、サマルカンドの町があった所である。アフラシアブは、ソヴェート以前に発掘された唯一の古代遺跡である。ソヴェートになってからヴャトキン（一八六九

―一九三二年）が、彼の二度めの発掘をおこない（最初は一九〇八―一三年）、一九四五―四八年にはテレノシキンが発掘し、最近はシシュキンが発掘をつづけている。アフラシアブは東西、南北ともに一・五キロメートルの三角形をなし、二一八・九ヘクタールの面積をもつ。北部の中心に城塞があり、町には城壁が四つあり、外側のものが町全体をかこんでいる。

サマルカンドをギリシア人はマラカンダとよんでいた。アレクサンドロスは前三二九年にマラカンダに入城している。ギリシア人の伝えるところによれば、当時マラカンダは城塞と、城壁にかこまれた部分の二つからなっていた。城壁の長さは七〇スタディオン（一〇・五キロメートル）あった。テレノシキンの調査によれば、マラカンダは、すでに前一〇〇〇年紀なかばに、現在のアフラシアブの遺跡（周囲三・五キロメートル）全部を占めていたばかりでなく、その外にひろがっていた。アフラシアブからは、ギリシア文化の影響を示す遺物も発見されている。たとえば、カリテース（美、温雅、歓喜の三女神）の像がつけられた粘土製の小さな二輪車、フィディアスのアテネ像の兜《かぶと》のようなたけの高い兜をかぶった女人頭像、ヒドラを退治するヘラクレス像のついた燭台、メドゥーサの頭をつけた容器などがある。

ソグドの神々

アフラシアブで発見された土偶によれば、ソグドでは水と豊饒《ほうじょう》の女神アナヒタの信仰が広くおこなわれていた。この女神は美しい着物をき、胸もとにザクロの実を持っている。また男神の像もあるが、これは自然の死と復活を擬人化したシヤウシと思われる。タリ・バルズーでは、ゴパトシャー（人頭牛身の神）の形を刻みつけた甕の断片が発見されている。アフラシアブやタリ・バルズーばかりでなく、ソグドの各地の古代遺跡からは、いろいろな土偶が発見されるが、これらは大部分ナウルズ（新年の祭）のためにつくられたもので、毎年新しいものと取り代えられた。ソグドにはギリシアの神々も伝わり、仏教もバクトリアからはいってきたが、これらの信仰よりも、バクトリアでは古いゾロアスター教的信仰のほうが強かった。

タリ・バルズー

サマルカンドの南方六キロメートルにタリ・バルズーのゴロディシチェがある。グリゴリエフ（一八九八―一九四二年）が一九三六―四〇年に発掘した。このゴロディシチェは前一〇〇〇年紀なかばにおこり、八世紀初めアラブ人に滅ぼされた。紀元初めころのタリ・バルズーには、中央の丘の上に、せまい矢挟間《やざま》のついた高い楼閣があり、その周囲に方陣のように宮殿がつくられ、隅々には望楼が立っていた。望楼には二列のせまい矢挟間が互い違いにあけられていた。望楼のあいだにはアーチ天井のへやが通じ、へやの外側の壁が城塞の外壁であった。建物の壁は日乾煉瓦とパフサからなり、白い漆喰がぬられていた。

パルティア、マルギアナ、バクトリア、ソグドなどのほか、アム・ダリア下流のホラズムでも前七―六世紀から灌漑組織がつくられ、農耕文化が発達していた。ホラズムは一時アケメネス朝の支配下にはいったがまもなく独立を回復し、アレクサンドロスにも征服されなかった。クシャン帝国の全盛期にはその版図にはいったが、やはり比較的早くその支配を脱した。

草原の民、高原の民

遊牧種族

紀元前一〇〇〇年紀の初めころ、アジアのステップ地帯の小川や湖のほとりで、牧主農副の生活をしていた原始種族の一部は農耕をやめ、もっぱら牧畜だけを営むようになり、ウマを乗用することを知ってから、遊牧生活に移り、ここに遊牧民が出現する。中央アジア北部を中央に、西は黒海北岸から東はモンゴリアに及ぶ広大なステップ地帯が遊牧民の活動舞台となった。遊牧民は最初文字をもたなかったので、自分で記録を残すことはなく、その古い歴史はあまりわからなかった。遊牧民については、それと交渉のあった他の民族（ギリシア・ローマ人、ペルシア人、中国人など）が書き残したものによるほかはなかったが、中央アジア各地の考古学的発掘がさかんになった結果、遊牧民自身が残した遺物・遺跡によって、遊牧民の生活を知ることができるようになった。

これらの遊牧民をペルシア人はサカ、ギリシア人はスキタイとよんだ。これはいずれも総称で、遊牧民の個々の氏族や種類をさすものではない。前六、五世紀、ペルシア人は中央アジア南部の農耕民、ついでその北方の遊牧民の一部を征服した。そこでペルシア人と接触したギリシア人は、中央アジアの種族について耳にするようになったが、アレクサンドロスの東方遠征によってギリシア人自身、中央アジアの地を踏み、彼らの中央アジアにかんする知識は増えた（ギリシア人の書いたものは失われたものが多いが、幸い後世のローマ時代の著作のなかに残っているものがある）。また中国人も漢の武帝時代から中央アジアにかんする知識をもつようになった。このようにして、われわれは中央アジアの遊牧民のいくつかの名称を知っている。ペルシアの碑文には、サカ・ハオモヴァルガ、サカ・ティグラハウダ、サカ・ティアイ・タラダライヤの三種のサカが区別され、ギリシア・ローマの書物にはサルマタイ（サウロマタイ）、マッサゲタイ、パルノイ、ダアイ、トハロイ、サカ、その他多くのものが見られ、中国の史書には塞、烏孫、康居、匈奴、その他が記されている。しかし、これらの種族がどの地方にいたか、また、これまでに発見された遺物や遺跡が具体的にどの種族のものであるか、はっきり定めるのは今のところ困難である。

遊牧民はウシ、ウマ、ヤギ、ヒツジ、ラクダなどの家畜を飼い、水と草を求めて移動した。だいたい夏は北方に、冬は南方に。山岳地帯では、冬は気候のおだやかな谷間で家畜を守り、春から夏へとしだいに家畜を高所に追い、秋にむかうと、こんどは逆に低いほうに下ってくる。遊牧民のこのような遊牧範囲はながいあいだ自然に定まり、他の氏族や種族の縄張《なわば》りをおかすことは禁ぜられた。これが破られると、武力衝突になる。遊牧民のこのような生活を見た古代中国人は、遊牧民の国家（種族連合）を行国とよび、遊牧民は町や村や家屋を持たないなどといっている。

しかし、簡単にそうとは断定できないようである。遊牧民の冬営地や、とくに種族長などの根拠地では、土塁や堀をめぐらしたなかに穹廬（テント、包《パオ》）がつくられ、敵に襲われたときには、家畜もそのなかに収容された。土塁や堀ばかりでなく、永久的な堅固な城郭が構築されていることもある。また、遊牧民の墓地には数百、ときには一〇〇〇以上もの墳墓が集まっているものがある。これらは遊牧民のある程度の定着性をものがたるものであろう。遊牧民は青銅、のちには（前三世紀ころから）鉄製のすぐれた刀剣、鏃《やじり》、馬具などのほか、ひじょうにすぐれた動物意匠の金、銀、銅、鉄の芸術的な金属装身具を豊富に持っていた。これまで、このような芸術的製品は遊牧民自身の手になるものでなく、西方ではギリシア人、東方ではペルシア人の工匠によってつくられたものであると考えられがちであった。しかし、最近の考古学的研究によれば、これらは遊牧民自身が製作したものと見るべきである。このようなりっぱな工芸品をつくるためには、やはり定住的生活が必要であろう。さらに、遊牧地帯でも、水の便利な所では農耕がおこなわれている。定住農耕地帯ほど発達したものではないが、灌漑農耕もおこなわれ、その遺跡が発見されている。

こう見てくると、遊牧民や遊牧地帯を、ただ遊牧一色にぬりつぶすのは誤りで、ある程度の定住的生活をそこに考えねばならない。今述べている前一〇〇〇年紀には、遊牧民と定住農耕民のあいだには、文化的にも、民族的にもはっきりした一線を画することはできない。

ギリシア・ローマの書物の記事やペルシアの彫刻のバクトリア人やソグド人（定住農耕民）の姿は、衣服、頭飾り、武器などがサカ（遊牧民）とまったくおなじであるが、考古学的遺物でもそうである。ギリシア・ローマの史料が、ホラズム国を建てたホラズム人、パルティア国を建てたパルティア人、バクトリア国を建てたバクトリア人などをサカやマッサゲタイなどの遊牧民の一部に入れているのは、このような事実によるものであろう。前一〇〇〇年紀の中央アジアの遊牧民と定住農耕民は民族的にも文化的にも一体で、まだ分化せず、後世に見られるようなはっきりした対立関係は生まれていない。

塞・烏孫

ペルシアの碑文に見える三種のサカがギリシア・ローマや中国の史料に記されたどの種族にあたるか、また中国史料の種族がギリシア史料のどの種族のことであるか正確にはわからない。しかし、前一〇〇〇年紀のなかばころ、中央アジアの西部にはマッサゲタイ、東部には塞・烏孫がいたらしい。この両者の中間に居を占めていたのが、康居であろう。

アム・ダリア川下流のホラズム地方の調査をつづけているトルストフの調査隊は、しだいにその調査範囲をひろげ、最近はアラル海東岸、シル・ダリア川下流の遺跡の発掘をしている。これらの地方では、マッサゲタイに属した種族の城塞址や灌漑水路網の跡が多数発見された。これらの遺跡を残した種族は、単に遊牧だけでなく、灌漑農業もおこない、所によっては漁撈などもし、むしろ半遊牧民である。

中央アジアの東部は、その最も南は、世界の屋根といわれるパミール高原で、その北には幅の広い天山山系が東西に連なっている。天山山系は、東西に平行した多くの山脈からなり、その中央部にイッシク・クル湖があり、西南部にフェルガナ盆地がある。天山山系の北には広大なカザフスタンのステップや砂漠が南シベリアまでひろがっている。この地域の東部にバルハシュ湖がある（天山山系とバルハシュ湖のあいだの地方をセミレチエという。ここにイリ、チュー、タラスなどの川が流れている）。セミレチエから天山、パミールに住んでいたのが塞および烏孫で、その西に康居がいた。

塞の文化はベルンシュタム（一九一〇—一九五六年）によって調査された。彼は一九三六年にセミレチエの調査をはじめ、その死に至るまで二〇年間、中央アジア東部の遺跡の調査をつづけた。この地方の遊牧民の遺跡は、アラル海東部のマッサゲタイのそれと異なり、大部分は墳墓だが、ほかに偶然発見された遺物もある。塞の墳墓が集まっているのは、彼らの冬営地で、それは山間の河川が渓谷から出るあたり、草がよく生育し、寒気、風、雪などから保護され、かつ移動しやすい場所である。

前六—五世紀の塞の墳墓は、竪穴のなかに屈葬あるいは伸展葬の遺体がある。副葬品は青銅のナイフ、砥石《といし》、矢、碗《わん》や壺《つぼ》などの手づくねの粗末な小型土器である。墓の盛土（封土、墳丘）は低く、その上に石を置き、あるいは円形や方形に石を並べてそれをかこむ。五—三世紀になると、副葬品の種類も数も多くなる。また、青銅のほかに鉄もあらわれる。鉄剣、鉄や骨、木の鏃、青銅鏡、動物意匠の青銅のバックルやブローチ、青銅の馬具などと副葬品は豊富になり、土器や木器もつくりがよくなる。織物の断片が発見されたこともある。

塞の遺物で特異なのは、青銅の脚付きの鍋《なべ》、供物台《くもつだい》、灯明台《とうみょうだい》である。これらは祭儀用具で、トラ、ヤギ、ウシ、その他、羽のある空想的動物などの像が装飾としてつけられ、器の脚には動物の足を模したものもある。なおこの青銅の脚付き鍋は匈奴にもひろく分布し、モンゴリアでも多数発見されている。

塞の文化は、セミレチエや天山の原始種族が南シベリアの文化の影響によってつくり出したものである。塞の文化には天山（パミールもふくむ）、フェルガナ、シル・ダリアの三つの地方的変種が見られる。天山では南シベリアの影響がながくつづき、フェルガナでは南方のアナウ文化との混淆があり、シル・ダリアではマッサゲタイ、サルマタイなどの文化の影響をうけた。このような文化をもっていた塞種族は、のちに烏孫、クシャン＝トハラ、康居などの種族に分かれる。烏孫は塞の遊牧的伝統をよく維持し、南シベリアと関係が深かった。クシャン＝トハラは塞の文化的伝統から最も離れ、フェルガナ、ソグド、バクトリアなどの定住農耕的環境のなかで発展した。この種族はさきに述べたバクトリアにおけるギリシア人の支配を倒し、のちにクシャン帝国を建設した種族の一つである。康居は定住と遊牧の二種に分かれた。定住したものはアラル海東岸のマッサゲタイ、サルマタイなどと混淆し、一方、塞の伝統をもったものは中部カザフスタンで遊牧をつづけた。

突厥

中央アジア南部でクシャン帝国がしだいに衰え、エフタルの勢力が強まっていたころ、中央アジア北部では、遊牧種族がやはりそれまでのような生活を送っていた。南部のオアシス国家の勢力が強いときは、北方の遊牧種族はその支配下にはいることもあったが、それは単に名目的なものにすぎなかった。また反対の場合も同じである。この時代も遊牧民の文化は、彼らの墳墓によって知るほかはない。前に見たように、遊牧民でもある程度同一地点にとどまったと考えられるが、その期間が短いため、彼らが残した文化層（遺物や遺跡などがふくまれている地層）は、きわめて薄かった。遊牧民の墳墓は塞・烏孫時代とほとんど変わりはなく、年代により、地域により、墳墓の形式や副葬品に多少の相違があるくらいで、どこでも同じようなものであった。中国の史書には、いろいろな種族の名が見えるが、いずれにせよ、彼らはおなじような文化をもち、同じような遊牧生活を送っていたのであろう。

六世紀になると、中央アジアの歴史に大きな変化がおこる。突厥《とっけつ》の大帝国の出現である。突厥はトルコ系の種族で、普通これはテュルク（トルコ）の複数形・テュルクットという語を漢字であらわしたものといわれる（鉄勒、敕勒などの訳字もある）。本来、突厥というのは、この大帝国建設の中心となったアルタイ地方に住む種族のことであったが、のちには、その国家内にはいった種々のトルコ系種族も突厥とよばれるようになった。

六世紀のなかば、それまで蠕蠕《ぜんぜん》（柔然、芮芮《ぜいぜい》、とも書く）の支配下にあった突厥は蠕蠕をたおし、二〇年足らずのあいだに、東は中国東北部から西はアム・ダリア川に至る大帝国を北アジアの地につくりあげた。このようにして突厥は、中国とインド、イランを結ぶ通商路——シルク・ロード——を抑える一大勢力となったが、まもなく六世紀の終わりに近く、東突厥と西突厥の二国に分裂する。中央アジアを支配したのは、西突厥である。西突厥の諸種族は天山、セミレチエの地方で遊牧生活を営み、この地方の遊牧民を同化吸収していったが、当時多くの小国家に分裂していた南部の農耕地域の住民にたいしては、突厥の宗主権を認めさせ、貢物や租税を取り立てるだけで、実質的には独立を許していた。西突厥はササン朝ペルシアと挟撃《きょうげき》してエフタルを滅ぼし、中央アジアを手に入れたのであったが、東西貿易の利害関係からササン朝と断ち、ビザンチン帝国と結ぼうとした。ササン朝と戦

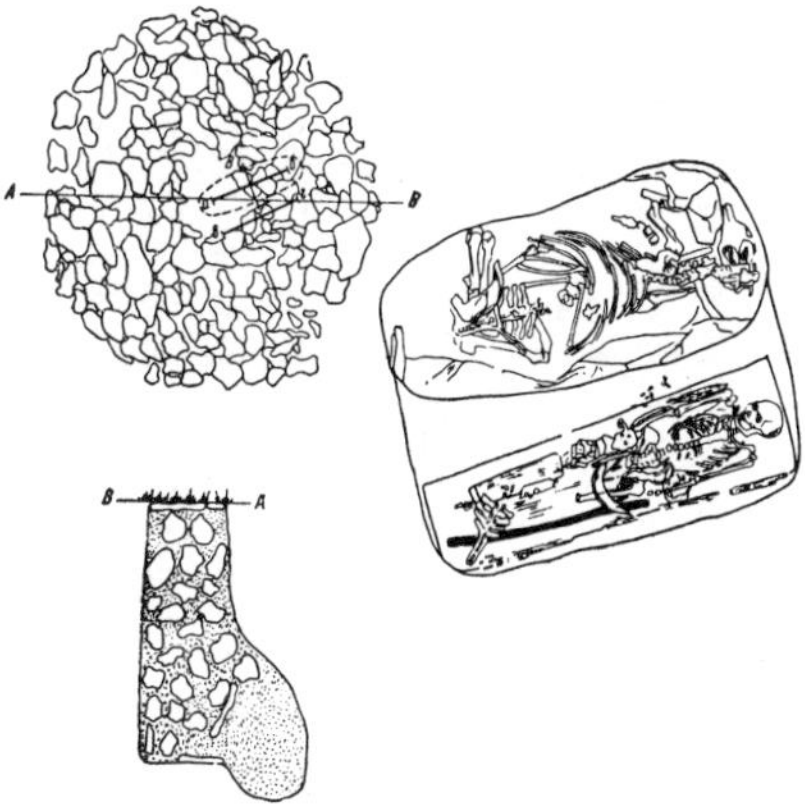

5〜7世紀の遊牧民の墳墓　東カザフスタン

っていたビザンチン帝国はこれに応じ、両国のあいだで使節の往来があった。ビザンチンとの連絡路となったのは、アラル海とカスピ海の北方のステップ地帯である。

このころ、中国は隋から唐へと大帝国に発展する。唐は六三〇年に東突厥を滅ぼし、ついで西突厥の征服にとりかかり、六五六年には中央アジアの奥深く兵を出し、タシュケント付近まで達しその勢力をくじいた。その後、突厥に代わってテュルゲシ（突騎施）、ついでカルルク（葛邏禄）が、セミレチエで勢力を得る。唐は征服した地方に都護府を置いて統治したが、本国から遠く離れた中央アジアの地では、その支配力はかならずしも強いものではなかったと想像される。しかし、唐の時代は、中国の勢力が最も西に発展した時代で、中央アジアとの経済的・文化的交渉がかつてなく密接になり、西方の文物がシルク・ロードを経て中国に伝えられ、唐の文化にコスモポリティックな色彩を加えた。唐の文化のこの特色は、わが国の奈良朝文化にも見られる。

バルバル

突厥の墳墓には、いろいろな構造のものがある。塞や烏孫などとおなじように、たとえば、長方形や長楕円形の竪穴を掘ったもの、このような竪穴の上を木材でおおったもの、竪穴の一方の側壁をうがって窪《くぼ》みをつけたもの、この窪みをトンネル状に掘り進め、その奥に地下室をつくったものなどさまざまであるが、いずれもその上に盛られた土は、あまり高くなく、盛土の表面に石が敷かれているものが多い。さらに、その周囲に、円形や方形に石を並べていることもある。このように、突厥の墳墓の構造がさまざまなことは、突厥が種々の種族から成っていたことを示すものである。

突厥はシルク・ロードを押さえていたので、中央アジアのオアシス国家はもちろん、東は中国、西はビザンチン、南はイランの生産物や工芸品を支配階級は入手することができたが、墳墓の副葬品はわりに貧弱である。アルタイのパズイルイク、モンゴリアのノイン・ウラの墳墓のように豪奢《ごうしゃ》なものは、まだ発見されていない。比較的豊富な副葬品があったのは、一九二四―二五年に発掘されたアルタイのクドゥイルゲの七世紀の墳墓である。そこでは、金や銀の装身具のほか、中国の絹織物、青銅鏡、貨幣などが発見された。馬具一式をつけたウマもいっしょに葬られていた。とくに注目されるのは、狩猟の光景を筋彫《すじぼ》りした骨の板で、クマ、シカ、ウサギ、キツネ、野馬などの走る姿が巧みにあらわされている。これは突厥の工匠がイランのものを手本にしたらしく、イラン王の狩猟の浮彫りとひじょうによく似ている。しかし、クドゥイルゲのような墳墓は、アルタイで発見されただけで、中央アジアでは今のところ発見されていない。

突厥の墳墓のそばには石像が立っていることがある。この石像はカーメンナヤ・バーバ(ロシア語で石の農婦)あるいはバルバル(トルコ語で彫像)とよばれている。このカーメンナヤ・バーバは男子像で、ひじょうに単純なスタイルでつくられているが、その形は一定

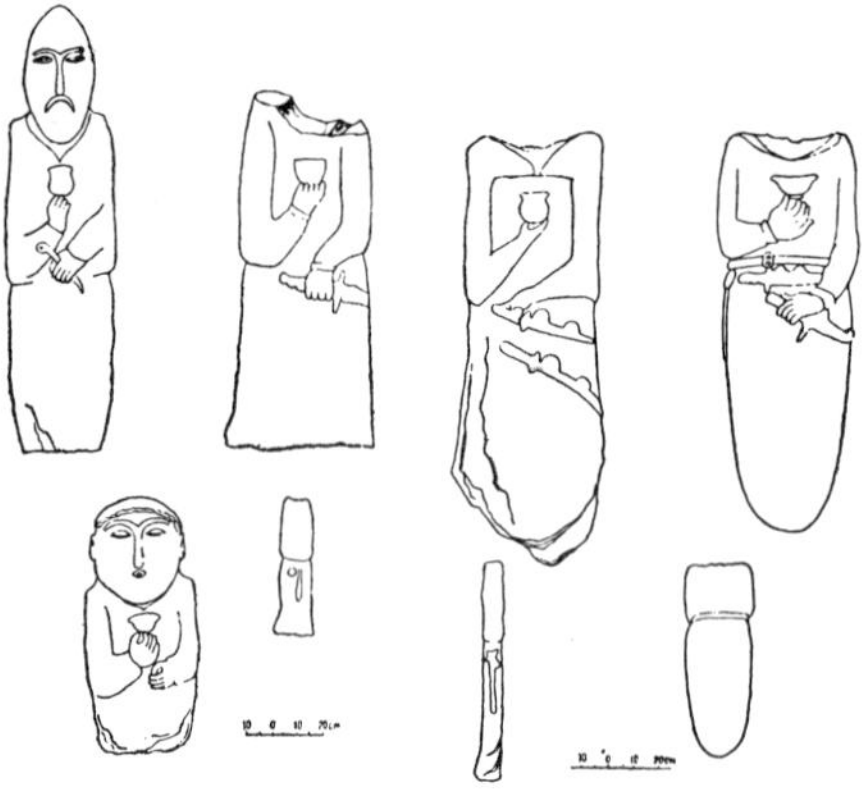

カーメンナヤ・バーバ

の法式にしたがい、大部分おなじポーズをしている。右手はやや上にあげ、カップを持ち、胸のあたりに捧げている。左手は下げて刀の柄をにぎっている。顔も体も正しく正面している。しかし、カップや刀の形が同じ場合でも、顔面は単純ながら、個人的容貌《ようぼう》の相違をあらわしている。腰から下の部分はなんら手を加えられず、自然のままの石である。これはカーメンナヤ・バーバの下のほうが土に埋められるからであろう。またカーメンナヤ・バーバには突厥文字が記されているものもあるが、それが腰から上の部分に刻まれているのもこのためであろう。カーメンナヤ・バーバの大きさはさまざまだが、高さが三メートルに達するものがある。

カーメンナヤ・バーバはセミレチエ、シベリア、モンゴリアと広い地域で発見され、これは突厥の分布地域と完全に一致する。カーメンナヤ・バーバはいったい何の目的のものであろうか。十九世紀末にモンゴリアで発見された突厥文字の碑文（キュルテギン碑文）によれ

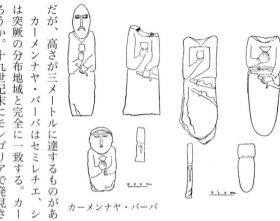

ば、カーメンナヤ・バーバは、死者が生前滅ぼした敵の像である。事実キュルテギンの墓のカーメンナヤ・バーバには、敵の像であると記されている。中国の『隋書』の突厥について述べているところに、突厥の貴族の墓には、生前殺した敵の数だけ石が立てられ、ときにはその数が一〇〇〇にも達するとある。イッシク・クル湖北西岸のボリショイ・ケミンの突厥の墓では、墳丘から南へ、細長い石が一列に立っているが、これは『隋書』の記事を裏書きするものである。石の列の先頭に、カーメンナヤ・バーバが立っている。

突厥文字の墓碑　タラス河谷

さらに『隋書』は、突厥は被葬者の姿を写した像を墓に立てたといっている。そうすると、カーメンナヤ・バーバは二種類あることになる。死者の像とその敵の像と。後者の場合は、あの世で死者につかえる従者である。さきに述べた形式の石像は、そのかしこまった姿勢から、滅ぼされた敵の像であろうと考えられる。それでは、被葬者を写したカーメンナヤ・バーバは、どんな形のものであろうか。カーメンナヤ・バーバは各地で数多く発見されたが、そのほとんどがさきに見た形のものばかりで、被葬者自身のカーメンナヤ・バーバらしいものは、きわめて少ない。一例をあげると、チュー川河谷で、いささか変わったカーメンナヤ・バーバが発見されている。この像は、右手に鳥がとまり、左手にカップを持っている。これは一見、鷹匠《たかじょう》のようだが、手にした鳥はワシやタカのような猛禽《もうきん》でなく、ハトのようである。突厥の伝説によれば、死後霊魂は鳥の姿となって飛びさるという。したがって、この鳥は霊魂を象徴したものであろう。このカーメンナヤ・バーバは、多くのものと異なり、下にほぞがつくられ、なにか台の上に立てられたことを示している。礼拝されたものであろう。このカーメンナヤ・バーバは、被葬者の像であるかもしれない。

西はウクライナから、東はモンゴリアに至るユーラシアのステップ地帯の牧畜民は、青銅器時代以来、柱状、棒状、板状の石に人間や動物の形を刻んだり、あるいは太陽をかたどった円や宇宙を象徴するいろいろな記号をほりつけたりして、宗教的儀礼の対象としていた。これらの石の彫刻を一般にカーメンナヤ・バーバといい、突厥のものもその一種である。これらのカーメンナヤ・バーバは古代人のアニミズム、トーテミズム、祖先崇拝などによって生まれたものである。突厥のカーメンナヤ・バーバの起源は明らかでないが、これらの信仰を基礎として、突厥貴族の政治的力の増大とともに出現したものであろう。

突厥の墳墓には、墳丘のまわりに四角形にめぐらした石の列の四隅にそれぞれ長い石を立てたものや、文字を記した石を墓碑のように墳丘の上に置いたものがある。

ソグド人の植民

ザラフシャン川流域の古い農耕民——ソグド人——の一部は、天山山系の北西をめぐって、農耕に適する地を求めながら東北方にむかい、しだいにセミレチエに移住していった。このようにして、五、六世紀ころには、タラス川、チュー川の流域にソグド人の集落が多数つくられた。それとともに、ソグド人の商人や手工業者もこれらの集落にあらわれた。セミレチエの主人は、塞・烏孫以来遊牧民である。ソグド人は形式的には遊牧民に服していたが、実質的には独立をたもち、とくに、彼らは商人として有名であった。西突厥がビザンチンに遣わした使者のマニアックも、ソグド商人である。ソグド人のセミレチエ植民によって、タラス川の流域にタラス、チュー川の流域にサルイグ、バラサグンなどの都市がおこった。インドにむかう途中、チュー川流域を通った玄奘《げんじょう》は、この地方に十数の都市があったと記している。

西突厥の政治的力とソグド人の経済的力がセミレチエに繁栄をもたらしたので、このころ、シルク・ロードは中央アジアでは、セミレチエを通るようになる。東から来ると、新疆《しんきょう》から天山山系を越え、イッシク・クル湖の岸に出、チュー川、タラス川の流域を通り、タシユケント、サマルカンドと西南方にむかう。玄奘もこの道を取ってインドにおもむいた。ついでながら、シルク・ロードは、しだいに北に移っている。最初のころ、シルク・ロードは中央アジアの南部、パミール高原の南側あるいは北側を通っていた（玄奘は帰路はこのルートをとった）が、このように、突厥時代にはセミレチエに移り、のちにモンゴル時代には、

人面壺と土偶　スクルク　6〜8世紀

さらに北方のステップ地帯が東西交通の重要なルートになった。

　チュー川の右岸の小さな支流、スクルク川の岸の五世紀ころの集落址で興味ある土器が一九四一年に発見された。それは高さ一九・五センチメートルの丸い壺で、首の部分が人間の顔になっている。色は褐色で下になるほど赤味を帯びている。顔は老人の顔で、額からまっすぐに鼻すじが伸び、いわゆるギリシア式の鼻で、眼は大きく、くぼんでいる。あごに長いひげがたれている。この顔つきはイラン的で、ソグド人の特徴をよくあらわしている。張騫が大宛（フェルガナ）から安息（パルティア）に至るまで、すべての住民は眼がくぼみ、ひげが濃いといっているが、この壺の顔はそのとおりである。また、これとおなじような顔つきの土偶（高さ一八センチメートル）も発見されている。この土偶にはほおひげもある。その他、この遺跡から、ひじょうに省略した簡単な形の土偶が多数発見されているが、いずれも鼻の形はギリシア式である。これらの遺物は、この集落の住民がイラン系、すなわちソグド人であったことをものがたっている。

ソグド人は、アラム文字を基にしたソグド文字をセミレチエに伝えた。ソグド人はさかんに商業活動をおこない、東トルキスタンまでも彼らの商圏にはいったほどなので、ソグド文字が中央アジアにひろくひろまった。また突厥も自分の文字をつくった。突厥文字を記した遺物はセミレチエでも発見されたが、それが最も豊富に発見されたのはモンゴリアやシベリアにおいてである。なかでもキュルテギン碑文などが有名である。セミレチエでソグド人と接触した突厥は、最初突厥語をあらわすのにソグド人のアラム文字を使っていたが、やがて北欧のルーン文字に形の似た文字をつくり出した。突厥文字はアラム文字にもとづいたと考えられる。これがセミレチエから東のほう、東突厥にも伝わったのである。

キルギス共和国の首都フルンゼ〔一九九一年にビシュケクと改称〕の東方三〇キロメートル、チュー川の南、クラースナヤ・レーチカという所に一つの都城址がある。ここも他の中央アジアの都城址とおなじように、土に埋もれた城壁が広い面積をかこんでいる。ここが中世の都市、サルイグの址である。城壁の内や外、面積約一五平方キロメートルのなかに十数のテペが散在している。これらのテペは建築物が砂におおわれてできたもので、城壁より古い。すなわち、サルイグの町がおこる以前のものである。一九三九年と四〇年に、ベルンシュタムの調査隊が、それらのいくつかを発掘した。その一例をあげよう。

サルイグの南の城壁から一キロメートルほど南方に、南北五六メートル、東西二八メートル、高さ約四メートルほどのテペがある。その南の部分が最も高く、その頂きの広さは南北一〇メートル、東西六メートルである。ここに日乾煉瓦でつくられた建物が発見された。この建物には東西に細長い廊下部屋があり、それに接して南側に四列、北側に三列、いずれも細長いへやが平行に配置されている。これらのへやは長さ約六メートル、幅二メートル弱で、日乾煉瓦でつくられたアーチ天井をもっていた。この建物は二階建であったが、一階の天井――二階の床――が落ちていた。建物の外側の壁には、通風と採光のため、幅一〇センチメートルの縦長の隙間と、弓を射るための矢挟間があけられている。建物の北には、作業のための広場があった。この城塞のような建物は、封建領主の城であろうか。しかし、わずか一五平方キロメートルの土地に一〇以上の封建領主がいたとは考えられない。この建物は周囲の土地を所有していた家父長的大家族の屋敷である。この屋敷には家族のほかに奴隷も住み、セミレチエに移住してきたソグド人は、大家族を単位とする経済を営んでいた。

ソグド人は屋敷内の作業用広場に家族の墓地を設けた。このテペでは、二年間の発掘で約九〇の埋葬が発見されたが、とくに興味を惹くのは、遺骨を収めた蔵骨器である。

蔵骨器

すでに述べたように、中央アジアの古い宗教はゾロアスター教である。ゾロアスター教では、火葬や土葬は火や土をけがすものとして禁止され、死体は山野に放置され鳥獣の餌食《えじき》にされた。動物が死体を食いつくしたのち、その遺骨は集められて一定の場所に置かれる。中央アジアでは、そのさい、遺骨は特別な容器、蔵骨器に収められた。この蔵骨器は、普通オスアリあるいはアストダンとよばれている。中央アジアでオスアリが発見されたのはかなり古く、一八七一年にタシュケントで発見されたのが最初で、その後各地で多数発見されている。

　オスアリは、だいたい、方形あるいは楕円形の土製の箱で、屋根のような形の蓋がついている。この二種が基本的なタイプだが、他にいろいろな形のものがあり、石でつくられたものもある。またふつうの甕や壺を代用した場合もある。オスアリの多くは、正面が種々飾られ、樹木や花、幾何学的模様、人物などの筋彫りや浮彫りがある。もっとも、全然装飾されていないものもある。オスアリは死者の死後の住居なので、家屋の外形を模し、方形のものは定住民の家屋、楕円形のものは遊牧民の天幕（包《パオ》）の形を模したものであるという説が広くおこなわれている。事実、前者は定住農耕地帯のソグド、後者は遊牧地帯に接するセミレチエで多数発見される。

オスアリ　サマルカンド出土

　クラースナヤ・レーチカで、多数のオスアリ断片が発見されたが、完形のものは三個にすぎない。しかし、これらのオスアリは、定住民のオスアリが遊牧民との接触によって変化したさまを示している。発見されたオスアリは正しい楕円形で、そのうちの二個はともに高さ四五センチメートル、蓋なしでは二九センチメートルであるが、その一つは長さ五六センチメートル、幅二七センチメートル、もう一つは長さ五八センチメートル、幅三三センチメートルである。いずれも器体の上縁に、十字形の切込みと縄状の突帯がつけられ、その下には様式化された樹木がアーチ形に刻まれている。ちなみに、ソグドのオスアリには、柱状の縦模様とそれを上部でつないだアーチ状の模様が多いが、これは中央アジアの住居に多いアイヴァン（テラス、ヴェランダ）を模したもので、クラースナヤ・レーチカのアーチ模様はそのなごりをとどめるものであろう。

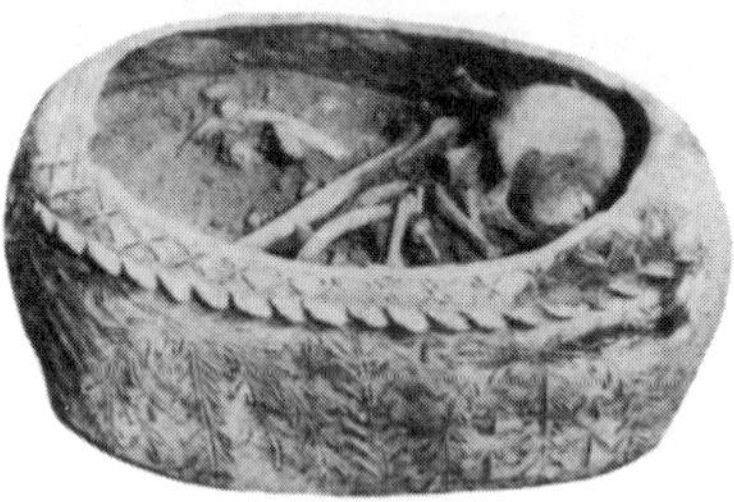

オスアリ　クラースナヤ・レーチカ

この二個のオスアリのほか、他の完形のものは子供の骨がはいっていたもので、長さ四七センチメートル、幅二六センチメートル、高さ三六センチメートルで、突帯装飾はないが、前二者とおなじく装飾文様は樹木である。異なるのは、柱頭つきの柱の様式化らしい形の長い穴が器体にあけられていることで、これもオスアリが家屋の形を模したなごりであろう。

クラースナヤ・レーチカのオスアリは、いちじるしく丸みを帯び、遊牧民の天幕の形に近くなっている。装飾も変わってくる。たとえば、人物（神）の姿はつくられない。ソグドのオスアリにはよく人物が用いられ、アナヒタ女神の姿や正義の神ラシュヌが死者の生前の行為の善悪を天秤《てんびん》にかけているありさまなどをあらわしたものもあるが、セミレチエでは、これらは見られない。またソグドのオスアリは、比較的写実的な果実や花の浮彫り状装飾ではでに飾られているが、セミレチエでは、すべて筋彫りの模様だけである。セミレチエのオスアリの最もいちじるしい特色は、その形が天幕の形ばかりでなく、天幕の装飾や天幕を締めつけた縄などの細部の形まで、オスアリの装飾に写していることである。

クラースナヤ・レーチカではオスアリに骨がはいったまま発見されたので、骨を収める順序がわかった。まず長い骨（手・足）、つぎに大きな骨（骨盤・肩胛骨）、さらに肋骨、小さな骨、いちばん上に目をむけて頭蓋骨という順序である。

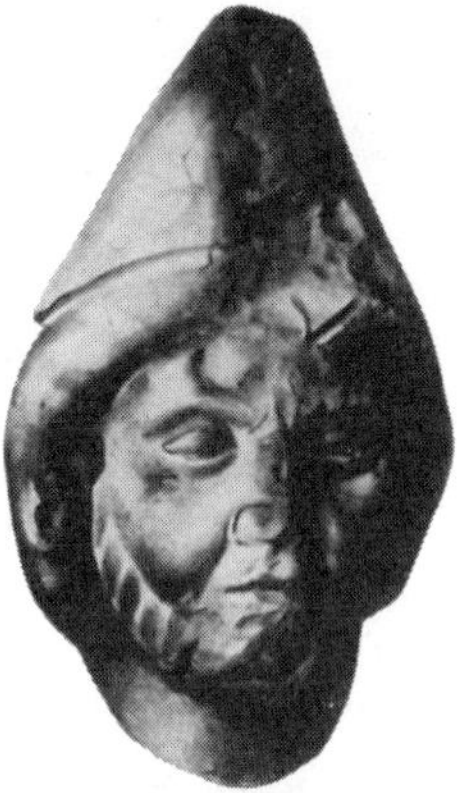
男子像頭部　ホラズム
２世紀

オスアリの蓋のつまみは、人間の首の形や、またハトの形のものなどがある。ハトは人間の霊魂の象徴と考えられた。さきに突厥の場合について見たが、タジク人も霊魂は人が死ぬときハトの姿で口から出ていくが、それは目に見えないと伝えている。

オスアリは中央アジアの各地で、いろいろ

なものが多数発見されているが、その大部分は六―七世紀に属し、それ以前のものはひじょうに少ない。ただ例外はホラズムで、ここには前三―四世紀のものがあり、しかも、その形がきわめて特異である。ホラズムのオスアリには、等身大あるいはそれ以下の男女の土製像の下の台が箱になっていて、それに骨を入れるものや、騎馬像のウマの部分にいれるものなど、他にまったく見られないものがある。

オスアリの起源は明らかでないが、火葬した骨を入れる骨壺がやはり源となっているのであろう。

アク・ベシムの町

サルイグ（クラースナヤ・レーチカ）の東南二五キロメートルに、アク・ベシムとよばれる都城址がある。アク・ベシムは一九三八、三九年にベルンシュタムの調査隊によって発掘され、その後、一九五三年からキルギス考古学・民族学総合調査隊によって新たな地点が発掘されている。最初アク・ベシムは十一―十二世紀のカラハン王朝の都バラサグンに比定されたが、五三、五四年の発掘の結果、この都城址は十一、十二世紀には滅びていたことが明らかになったので、バラサグンではないとされるにいたった。したがって、今のところ、アク・ベシムが歴史上なんという名の都市であったか、明らかでない。

アク・ベシムも、チュー川流域に植民してきたソグド人の建てたものである。市街の中央

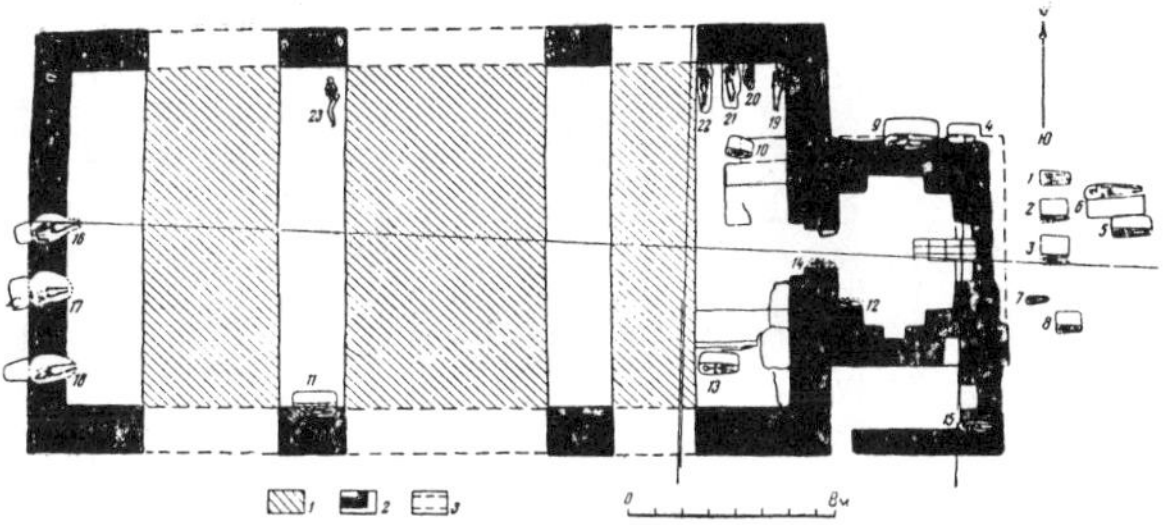

キリスト教会の平面図　アク・ベシム　1〜18はキリスト教徒の墓（1は未発掘部分、2は教会の壁、3は未発掘の壁）、19〜23は後世のイスラム教徒の墓

部の二ヵ所でおこなわれた発掘によれば、そこには住居の建物の層が四重にかさなり、七・五メートルの厚さがあった。第一層の建物は五—六世紀につくられた。いちばん上層の第四層は九—十世紀のものなので、アク・ベシムの町は五世紀から十世紀まで存在したことが知られる。この年代は発見された土器や貨幣によって決定された。貨幣にはテュルゲシのものが多いが、中国の唐のものもあった（開元通宝、乾元通宝、大暦元宝）。この町が滅んだのは、十世紀なかば、トルコ系の好戦的なヤグマ種族がチュー河谷に侵入したためである。

　アク・ベシムにはキリスト教の教会堂と墓地があった。八世紀の教会堂が町の北部で発見された。教会の建物は東西にながい長方形で、長さ三六メートル、幅は広いところが一五メートルある。教会堂の壁はパフサでつくられ、日乾煉瓦とパフサを組みあわせたアーチ天井があったらしい。彩色された漆喰の断片が落ちているので、壁画があったことがわかる。へやは縦四・八メートル、横五・三メートルの十字架形をしている。中央に十字架形のへやをもった教会堂は七、八世紀の小アジアやアルメニアでおこなわれているが、その起源は四—六世紀のシリアにある。会堂の南側に、洗礼堂らしい小さなへやがついている。この両所でテュルゲシの貨幣や土器が発見された。会堂の西に、粘土ブロック製の壁でかこまれた幅一二メートル、長さ二七メートルの長方形の内庭がある。内庭の壁には庇《ひさし》をつけ、テラスのようにしたらしい。教会堂のまわりや内庭に信者が葬られていた。すべて伸展葬で西枕である（のちにイスラム教徒がこの教会を墓地に転用したが、遺体はすべて北枕である）。これらはだいたい副葬品はないが、青銅の十字架、平たい環形の軟玉のイヤリング、ガラス玉のネックレスなどがある場合もある。この墳墓は、キリスト教徒の墳墓では、中央アジア最古のものである。その他、セミレチエには十三、十四世紀のネストル派キリスト教徒の墓が二ヵ所にある。

この教会の建物は、シリアの教会堂とアイヴァンの折衷《せっちゅう》である。アラビア人が中央アジアに侵入する数世紀以前に、シリア人はキリスト教教会の建築様式を中央アジアに伝え、またアラビア人はキリスト教教会を改修せずに使った場合も少なくないので、中央アジアのイスラム寺院や廟の建築様式の源流をキリスト教建築に求めることも考えられる。

アク・ベシムでは、仏寺も発見された。この仏寺は、東西にながい長さ七六メートル、幅二二メートルの日乾煉瓦の建物である。東が玄関で、通路をはさんで六つのへやがある。玄

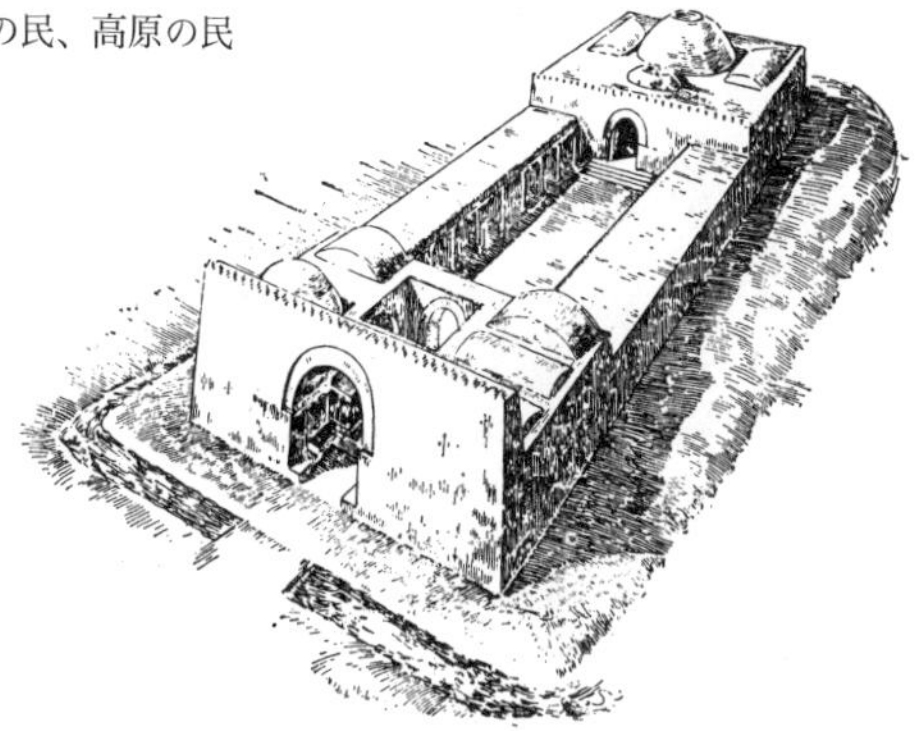

仏寺の復元図　アク・ベシム

関を出ると長さ二六メートル、幅一八メートルの内庭で、内庭の南側と北側にはアイヴァンがつくられている。内庭から階段を上ると礼拝所である。幅一八メートル、奥行一〇メートルの広さで、四本ずつ二列に八本の木柱が立っている。正面の内陣への入口の左右に大きな仏像が置かれていた。二つともまったく破壊され、ただ台座が残っているだけである。右側の像は台座の下に残っている足の部分や散乱していた断片によって約四メートルの高さのものであったと想像される。礼拝所の奥に六・三メートル四方の正方形の内陣がある。ここにもなにも残っていな

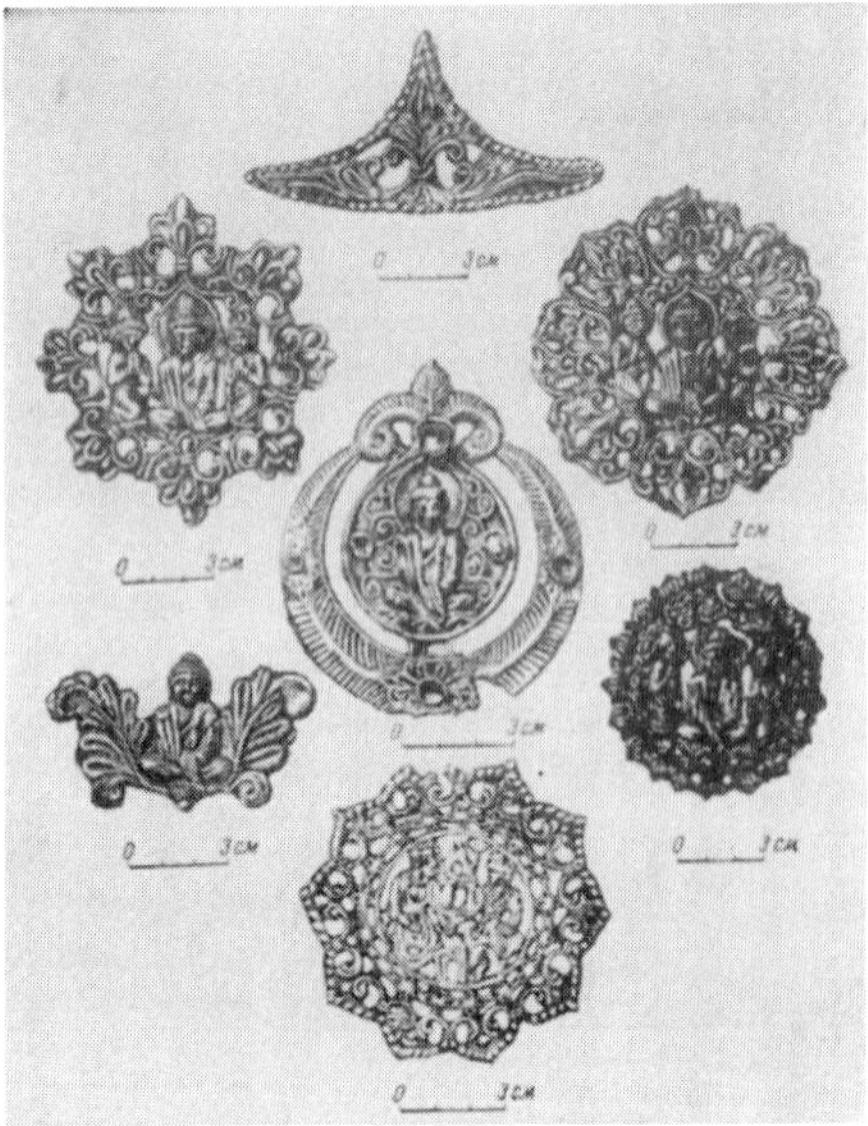
青銅透かし彫り装飾板　アク・ベシム

い。ただなんのためかわからないが、幅三・四メートル、長さ四・五八メートル、深さ一メートルの穴がある。この穴は日乾煉瓦でたたんである。内陣の三方は、礼拝所から通ずる廊下でかこまれている。

アク・ベシムの仏寺には、壁や柱を飾った粘土製の装飾物の断片がおびただしく残っているが、完全なものは一つもない。ただ少数の青銅透かし彫りの装飾板があるにすぎない。この仏寺の主要部（内陣と礼拝所）のプランは、東トルキスタンのいくつかの寺院によく似ている。それと同時に、中央アジア式のアイヴァンを結合したことは独創的である。アク・ベシムの仏寺は、東トルキスタンの仏寺を知っているソグド人の建てたものであろう。さきの教会も、この寺もプランの本質は共通である点が注意される。

アク・ベシムの仏寺が仏寺として存在したのは七世紀末から八世紀初めのわずか五、六十年間だけで、八世紀のなかばから九世紀初めまで、カルルク種族が住居として利用したため、完全に荒らされてしまった。

この仏寺の東方二五〇メートルのところで、一九五五―五八年に、またおなじ時代の仏寺が新しく発掘されている。

ベルンシュタムによってはじめられ、最近もおこなわれている発掘によって、アク・ベシムは、当時のチュー川流域の商業・工業・農業および文化の一大中心都市であったことが明らかになってきた。この町を建設したのはソグド人であるが、トルコ種族やシリア人も住み、ときには中国人もいたらしい。そして、彼らはそれぞれ自分の宗教の信仰もつづけていた。この町の支配者はソグド語を刻んだ貨幣を鋳造していることから見ると、突厥やその他トルコ種族に名目的に従属しているだけで、独立をたもっていたと考えられる。

トルキスタンの成立

東はタクラマカン砂漠から西はカスピ海北方の草原、北はシベリアの密林の南縁から南はチベット、アフガニスタン、イランの国境に至る広大な地域は、一般に中央アジアとよばれている。また中央アジアはトルキスタンともいわれる。トルキスタンとは、文字どおりトルコ人の国という意味である。トルキスタンは中国領の東トルキスタンとソヴェート領の西トルキスタンに分けられる。しかし、ソ連邦では西トルキスタンについて、トルキスタンという語を使わず、カザフスタンおよび中央アジアとよんでいる（この場合の中央アジアは、右のようにひろい意味ではない）。

中央アジアの歴史の幕が開いたころ、その住民——遊牧民のサカ、マッサゲタイや塞・烏孫・康居などと定住農耕民のバクトリア人、ソグド人、マルギアナ人など——はすべてイラン系の種族で、中央アジアはトルコ人の国ではなく、イラン人の国であった。それでは、なぜ中央アジアがトルキスタン、すなわちトルコ人の国とよばれるようになったのであろうか。中央アジアの東北方のモンゴリアやアルタイ、東トルキスタンなどからトルコ系の遊牧民がつねに中央アジアに侵入し、住民と混血し、両者の文化が徐々に融合していった。この場合、ことばや人種的特徴などでトルコ的要素のほうが強かったので、ついにトルキスタンとよばれるようになった。

中央アジアの住民のトルコ化は、紀元前後匈奴が中央アジアに侵入したころにはじまる。しかし匈奴がどの程度、中央アジアのトルコ化に影響したか明らかでない。このことはエフタルについてもいえる。トルコ化について語ることができるのは、突厥時代からである。突厥の中央アジア支配は、わずか一〇〇年に足らないあいだであったので、その影響をあまり大きく考えることはできないが、やはりそれは中央アジアのトルコ化の重要な因子であった。突厥以後、いろいろなトルコ系の種族が中央アジアにあらわれたが、中央アジアの住民がトルコ化されるには、ほとんど一〇〇〇年近くかかっている。これは、遊牧民のなかでは両者の生活や文化がおなじなので、同化がたやすくおこなわれたが、農耕民のあいだではそれが違っているため同化の進みがおそかったからである。

トルコ化の最も大きな結果は、元来イラン系の言語を話していた中央アジアの住民が、トルコ系の言語を用いるようになったことである。現在の中央アジアの民族——カザフ、ウズベク、キルギス、タジク、トルクメン——のうち、タジク民族をのぞく他の四民族の言語は、すべてトルコ語系に属する。

城塞と都市

古代から中世へ

これまでながいあいだ中央アジアもふくめて東洋の歴史は、永遠の停滞——封建社会——の歴史で発展がなかったと一般に考えられていた。アレクサンドロスが侵入した時代の中央アジアもロシアが征服した時代の中央アジアもおなじ社会であったろうか。

東洋社会の発展についてはじめて明らかにしたのは、ソヴェートの古代東方史家ストルーヴェであった。彼は多年にわたる文献史料の周到な研究によって、エジプトやバビロニアなどの古代東方社会を封建社会でなく、階級社会の最初の段階である奴隷制社会と規定した。この説に導かれて、トルストフがこの世紀の三〇年代から中央アジアにも奴隷制社会があったに相違ないと考え、乏しい文献史料にもとづく研究をはじめたが、具体的な証拠を得るため、ホラズム地方の考古学的調査に乗りだした。彼の二〇年以上にわたる研究は、中央アジアにも奴隷制社会が存在し、またそれが封建社会に移行した、すなわち、中央アジアの社会にも発展が見られることを数多くの考古学的証拠によって立証した。中央アジアの他の地方における考古学的発掘も、トルストフの説の正しいことを裏書きし、今ではトルストフのホラズム考古学が中央アジア考古学の導きの糸になっている。

奴隷制社会、すなわち、古代社会はどのような特徴をもっているか。考古学的に見れば、たとえば巨大な灌漑網や計画的につくられた都市が存在することなどで、これらの基礎の上に中央集権的な統一国家がつくられた。それでは、奴隷制社会に代わった封建社会——中世——はどのような社会であろうか。この社会では、生産の担い手が農奴になり、土地所有ということが大きな意味をもってくる。古代の中央集権的統一国家が解体し、政治的にも経済的にも分裂的傾向が出現する。考古学的に見れば、灌漑網がいちじるしく縮小し、また都市が衰え、したがって手工業も衰え、土器などの手工業品のつくりが粗雑になる。

古代から中世への過渡期にはあらゆる文化現象が一時的に衰退し、これは考古学的遺物や遺跡に明らかにあらわれている。

古代から中世の過渡期には遊牧民の侵入が見られる。しかし、遊牧民の侵入が古代国家を滅ぼし、中世社会を出現させたのではなく、古代国家内に生じた分裂的傾向が国家の力を弱め、遊牧民の侵入をまねいたのである。原因と結果を混同しないことが必要であろう。中央アジアでは、クシャン帝国が衰えたころ、エフタルの活動があり、ついで突厥の侵入がはじまる。しかし、遊牧民の支配は表面的・名目的なものにすぎなかった。エフタルや突厥の時代は、多くの都市国家や小侯国の分立状態であった。このような情勢であったからこそ、アラビア人の中央アジア征服が成功したのであった。

中世の中央アジアの文化は、ふつうイスラム文化といわれている。アラビア人は八世紀に中央アジアを征服したが、その当時のアラビア人の文化は中央アジアの住民の文化より低かった。一方、中央アジアの住民は五世紀から七世紀の間に、以下に述べるヴァラフシャ、ピャンジケント、バラルイク・テペなどに見られるような古代文化とは異なった中世文化をつくり出していた。中央アジアに侵入したアラビア人は、かえって、この文化の発達を武力で一時抑えてしまったのである。その後、アラビア人の打撃から回復した中央アジアの住民は、アラビア人の侵入以前に形づくられていた文化を継承発展させた。アラビア人はイスラム教を強制し、また征服した国々から種々の文化を伝えはしたが、中世の中央アジア文化はあくまでアラビア人侵入以前に生まれた文化が基礎となったもので、それをイスラム文化と簡単に割りきってしまうのは誤りである。

百、千の城

中央アジアを訪れたアラビアの旅行家は、そこにひじょうに多くの城があると伝えている。すなわち、ヤクービーはウシュルーサナ地方に四〇〇、ナルシャヒーはブハラ付近に七〇〇の城があったといい、マクディシーのごときは、ホラズムのミズダフカンの付近に一万二〇〇〇の城があったと述べている。これは、もちろん誇張はあるかもしれないが、アラビア人の目に城と映じた建物がきわめて多数存在していたことをものがたっている。

これらは封建領主の城ではなく、農村に住むディフカン（土地所有者）が自衛のために防禦施設をした住居である。土地所有者はこのなかに住み、周囲にある土地を耕作した。もちろん、大土地所有者は奴隷も使っていた。このような建築物が古代から中世の過渡期に出現したことは、中世社会の分散的傾向を示すものである。都市は、もはや社会の中心ではなくなった。

この農村住居城塞とでもいうべきものの性質をはじめて明らかにしたのは、トルストフである。ホラズムのベルクート・カラのオアシスの運河に沿う一七キロメートル、幅二キロメートルの地域に九六の大小さまざまの住居城塞があった。それは日乾煉瓦やパフサでつくった囲壁のなかに、やはりおなじ材料で築きあげた截頭ピラミッド状の土壇の上に矢挟間を設けた住居を構えたものである。このような土壇の上に建てられた住居をケシュクとよぶ。ベルクート・カラの住居城塞は大土地所有者のものも、小土地所有者のものも根本的にはおなじつくりで、ただ規模の大小があるにすぎなかった。ケシュクの大きなものは二階あるいは三階のものもあり、このような場合にはふつう土壇のなかが一階になっていた。跳ね橋がかかり、直接二階にはいり、そこから一階あるいは三階に行くようになっている。ケシュクの壁は厚く、ほとんど窓がないため内部は薄暗く、矢挟間からの明りがわずかなたよりであった。ケシュクの外壁の壁は縦割りにした円柱を並べたような凹凸をつけたものがある。この壁は、中世期に中央アジアでひろくおこなわれた。見たところ、カーテンなどの襞《ひだ》に似ているので、褸状壁《ゴフル》とよんでいる。

ケシュクの遺跡は、中央アジアの農耕地帯に数多く残っている。のちに、大土地所有者のケシュクのまわりに手工業者や商人の集落ができ、中世の都市に発達したものがある。

中世都市

古代の中央アジアに多くの都市が存在していたことは、すでに述べた。これらの都市は三、四世紀ころ、古代社会の解体とともに衰える。しかし、五、六世紀になって封建社会が発達するにつれて、それまでとは全然別の性質をもった中世都市が各地に生まれでる。まず中世都市の構成にかんする用語についてみよう。中世都市は、つぎの三つの部分からできている。

クヘンディズ——旧城の意味で、アラビア語である。ほかにおなじ意味でイラン語のアルク、カラなども用いられる。クヘンディズはギリシアのアクロポリス、ロシアのクレムリンにあたる。

マディーナ——これもアラビア語であるが、ふつうイラン語のシャフリスタンのほうがひろく使われる。この二つの語は内城の意味で、クヘンディズのふもとに発達した都市のいちばん古い部分である。中央アジアの都市のシャフリスタンは、アラビア人が侵入する以前に、すでに形成されていた。

ラバド——やはりアラビア語で、都市付属地の意味である。内城にたいして外城といってよかろう。商工業地区として発達した。マディーナ、シャフリスタンの一部、あるいは全部を外からかこんでいる。またラバドは内城や外城を取りまく城壁の意味にも使われる。

中世都市は、年代的にクヘンディズ、シャフリスタン、ラバドとしだいに大きくなった。古代都市が計画的につくられ、だいたい長方形の正しい形をもち、街区も整然としているに反し、中世都市は自然に膨脹したので、その形も街区も整然としていない。中世都市の標準的な形式というものはない。水の供給、地形、周囲の農地などの自然的条件、商工業地区の配置、防禦施設の構成などの歴史的・社会的条件によって、都市はすべて異なった形になり、どこにクヘンディズがあり、どこにシャフリスタンがあり、どこにラバドがあるということは一定していない。ブハラ、サマルカンド、タシュケント、その他の中世都市はみなそれぞれ違っている。しかし社会的機能や社会発展の同一性から生ずる共通な点もある。これらの都市では、支配者の宮殿や役所がある政庁広場というべきものが出現する。大きな市場《バザール》のある大通りができる。市場は商品別に特殊な市場に専門化されることもある。シャフリスタンが狭くなると、市場はラバドに移る。トキ、ティム、チョルスー（いずれも屋根のある市場、商店街）などの大きな建物、隊商宿、倉庫などもつくられる。またラバドには支配者や貴族の別荘もつくられる。イスラム教がひろまると、イスラム教の寺院や塔が建立《こんりゅう》され、都市に新しい色彩を与える。

テルメスの宮殿　謁見の間

中央アジアの都市は、しだいに社会的コントラストをあらわしはじめる――豪華な宮殿や寺院と大衆の貧弱な家屋、石を敷いた広場や大通りと不潔な垢《あか》っぽい横町や路地、富者や貴族の緑の多い涼しい別荘と職人のごみごみした煙だらけの不健康な仕事場。

中央アジアの中世都市については、アラビア人の旅行者、地理学者などの記述がたくさんあるが、考古学的研究がおこなわれるようになったのは、ソヴェートになってからである。アフラシアブ（サマルカンド）、メルヴ、テルメス、タラス、ブハラ、パイケンド、バラサグンなどで発掘がおこなわれた。一例として、一九二七―三八年におこなわれたマッソンのテルメス考古学総合調査隊のテルメスの発掘をあげよう。テルメスは七世紀に、古代社会解体期の衰退から回復にむかい、十一―十二世紀に全盛期に達する。発掘によれば、手工業者地区の広さは八ヘクタールあった。ラバドには手工業者地区のほか、富者の家屋もあり、その一つでは、床は焼いた煉瓦で美しい模様がつくられ（中世の中央アジアは、もはや日乾煉瓦は使われなくなり、すべて焼いた煉瓦である）、雪花《せっか》石膏《せっこう》の窓枠《まどわく》にはいろいろな色のガラスがはめられていた。

市街の東部にあった支配者の宮殿は七〇〇平方メートルの面積を占め、とくに豪華なのは謁見の間で、壁が漆喰細工の繊細な模様で飾られていた。アラブ文字や植物の模様のほか、空想的動物の紋章の模様もあった。ここでは、壁画の断片も発見された。テルメスは一二二〇年にモンゴル軍に破壊されて滅びてしまう。

われわれは中世都市とともに先に進みすぎたので、前の時代にもどろう。

ヴァラフシャの廃墟

ブハラの西方、約三五キロメートル。この辺はもういちめんの砂漠（キジル・クム）で、人影は見られず、ただ砂丘がうねっているばかりである。しかし、よく注意すると砂丘のあいだ、ところどころに粘土が固まった丘が入りまじっている。丘の上には、土器や煉瓦のかけら、彫刻の断片、ガラス片、貨幣などが散らばっている。これらの遺物がある以上、ここが最初から無人の地であったとは思われない。この付近、広さ五〇〇平方キロメートルの砂漠のなかにこのような丘が一〇〇ほど点在している。いうまでもなく、これらの丘は建築物の残骸《ざんがい》である。また運河の跡も発見される。そこで、ブハラの西方に、かつて栄えたオアシスがあったことがわかる。丘のなかでとくに大きいものは、一〇〇ヘクタールほどあり、多年のあいだの風と砂の作用によって比較的平らになっている。丘の端、ところどころ、風に吹きさらされている個所は、大きな日乾煉瓦で築かれた城壁の一部が露出している。一見して大きな都城があったことが知られる。ここが文献史料にも残っているヴァラフシャの遺跡である。

ヴァラフシャは、一九三七―三九年と一九四七―五三年にシシュキンの率いる調査隊が発掘した。

ヴァラフシャはある一時代の遺跡ではなく、多くの時代にわたっている。ここでも、中央アジアでよく見られるように、古い建築物の遺構の上に新しいものがつくられたり、あるいは古い建築物が補修されたりして、日乾煉瓦の建築物の跡が幾層もかさなり、一〇メートルの厚さになっている。ヴァラフシャでは、前五―四世紀のスキタイ型青銅鏃が発見されているが、建築物層のいちばん古いものは、紀元前後に属する。このころヴァラフシャが建設され、当時すでに大きな建物があり、それを城壁がかこんでいた。その後、ヴァラフシャは衰退期があり、建物は荒廃した。

ヴァラフシャの全盛期は六世紀にはじまる。ヴァラフシャの都城は完全に改修され、ほとんど新しく建設されたといえる。ブハラ地方の土地所有者のうちの最大のもの、ブハラの支配者――ブハール・フダートと称する――が、ここに居を定めた。彼の権力の象徴となったのは、彼がつくった宮殿と城郭である。これについて『ブハラ史』を書いた十世紀の歴史家、ムハンマド・ナルシャヒーは、ブハール・フダートが「人々の語りぐさになるほどの美しい宮殿を建てた」といっている。事実、発掘の結果ブハール・フダートの宮殿の美しさが明らかになった。

ヴァラフシャの宮殿も改修されたり、荒らされたり、また新たに建てられたり、新しいへやがつくられてプランが変わったり、さまざまの変遷がある。宮殿の最も古い部分は、南側の壁で、ひじょうに堅固にできている。それは宮殿の壁であると同時に、都城の城壁を兼ねていたからである。すなわち、南側の城壁の一部に接して宮殿が建てられていた。城壁には櫓《やぐら》がつけられ、櫓の壁は、この時代に多い襞状《ひだじょう》につくられ、襞のあいだに矢挟間があった。これらは六世紀につくられたが、まもなく宮殿はひどく荒廃する。七世紀に復興され、その遺跡からひじょうにめざましい発見がなされた。

赤い広間

南壁に接して大きなへやが数室あり、それらはのちに数回にわたる改修を経ているが、七世紀につくられた二つのへやに壁画が残っていた。ヴァラフシャの壁画は特種な薬品によって補強されて、切りとられた。それ以前に中央アジアで壁画——大きなものではないが——が発見されたことがあるが、補強策を講じなかったので、こわれてしまったものもある。現在、ヴァラフシャの壁画はレニングラードに移され、エルミタージュ博物館の一室に陳列されている。ヴァラフシャの壁画の復旧、保存法の研究が、その後の中央アジアにおける壁画の発掘、保存に大いに役だった。

〈東の間〉の壁画　２人の従者　ヴァラフシャ

壁画の一つは〈東の間〉にある。この壁画は幅一二メートル、高さ七メートルで、翼をもった黄金のラクダの像を飾った玉座に坐した王がえがかれている。これについて思い出されるのは、中国の『北史』のなかに、ブハラ王はラクダをあらわした玉座に坐すという記事である。『北史』の記載と考古学の遺物がまったく符合し、きわめておもしろい。王の両側には従者がえがかれ、そのうちの一人は、円錐形の脚がついた灯明台にむかい、なにか儀式をとりおこなっているようである。他の壁には、馬上で弓を射る武人の絵が残っていた。この人物はさきのとがった兜《かぶと》をかぶり、金属板をつらねた鎧《よろい》をつけ、右脇に矢筒をさげている。もう一方の壁はひじょうに損傷し、ただアシをえがいた小さな部分が残っているだけである。これは狩猟の光景の部分であろう。このように、〈東の間〉には、ブハラの王の生活――王の謁見、戦争、狩猟――がえがかれていた。

〈東の間〉の隣室にも壁画があった。この壁画は、赤色のバックにえがかれていたので、このへやを〈赤い広間〉とよんでいる。〈赤い広間〉の壁画は二段に分けられ、いろいろな題

〈赤い広間〉の壁画　ヴァラフシャ

材がえがかれているが、〈東の間〉の現実的題材とはまったく違ったものである。

下段には人間と怪獣の戦いの空想的光景がえがかれている。人間は象に乗っている。一頭に二人ずつ乗っており、主人公は象とおなじくらい大きくえがかれ、象使いはふつうの大きさである。二人とも象に襲いかかる怪獣と戦っている。襲いかかっているのは、シシ、グリュフォン（鷲頭有翼のシシ）、巨大なヒョウなどの怪獣である。上段には動物の行列がえがかれている。ここでもウマ、シカ、猛獣などの現実の動物のほかに、空想的動物——なかばネコ、なかば鳥——がいる。動物のなかには馬衣や鐙《あぶみ》をつけたものがある。〈赤い広間〉の壁画は幻想的で、〈東の間〉のそれとひじょうに違っている。

この二つのへやから受ける感じは、全然別である。それは偶然であろうか。いな、そうではない。へやの目的が異なるからである。ブハラ王の謁見の間としてつくられた〈東の間〉は、現実的主題の壁画が飾られ、一方、〈赤い広間〉は宗教儀式のためのものなので、幻想的雰《ふん》囲気《いき》がただようようにしたのであろう。事実、〈赤い広間〉の中央には、火の痕跡《こんせき》のついた壇——聖火台——があった。

これらの壁画は、七世紀に、建物といっしょにつくられたが、八世紀にひどい損傷を受ける。壁画はところどころ、鋭い刃物でけずられている。それがとくにひどいのは、そこにえがかれた生物の頭の部分である。八世紀にブハラを占領したイスラム教徒のアラビア人は、原住民にイスラム教を強制し、この教えに反するあらゆる文物の破壊をおこなった。ヴァラフシャの壁画も、この災をまぬかれなかった。

ナルシャヒーの伝えるところによれば、八世紀後半にブハール・フダートのブニヤートによって宮殿は再建された。このとき、〈東の広間〉は四へやにつくり変えられ、そこにやはり壁画があったが、以前のものよりいちじるしく劣っていた。そのかわり、室内を飾る雪花石膏の漆喰彫刻が数多くつくられた。これは植物模様や幾何学的模様のほか鳥や魚あるいは人間の像など、きわめて多種多様であり、しかもつくりがひじょうに繊細である。しかし、この宮殿もながくはつづかなかった。七八三年にブニヤートは、カリフの命令によってヴァラフシャの宮殿で殺された。宮殿はふたたび荒らされ、その境域内の一部にはふつうの家屋が建てられた。こうして、ヴァラフシャの町そのもの

雪花石膏漆喰彫刻　ヴァラフシャ

は、その後も数世紀間存在していた。

ヴァラフシャでは、宮殿のほかに、城塞、中央に内庭のある民家の遺跡、運河の跡などが調査された。

ヴァラフシャは中央アジアにおいてはじめて壁画が発見された記念すべき遺跡である。その後、ピャンジケント、バラルイク・テペ、古い時代のものではホラズムのトプラク・カラと壁画の発見がつづいているが、その他の地においても今後の発見を期待することができよう。

ピャンジケント

サマルカンドの東方六八キロメートル、ザラフシャン川の中流に六―八世紀に栄えたピャンジケントの都城址がある。ピャンジケントの発掘は一九四六年からソグド・タジク考古学調査隊が毎年おこなっている。最初ヤクボフスキイが指揮していたが、彼の死後はベレニツキイが代わった。

ピャンジケントはザラフシャン川中流の交通上の要地にあり、各種の手工業生産（土器、織物、皮革、鋳物、金属加工）が発達し、商業がさかんであった。商業がさかんであったことは、おびただしい数の貨幣が発掘されることでも立証される。

ピャンジケントの西部の高地の頂上にアルク（クヘンディズ）があり、シャフリスタンはその東方にひろがっていた。シャフリスタンは面積一九ヘクタール、人口は三〇〇〇―四〇

○○人くらいであったろう。さきに述べたように、中世の都市では、シャフリスタンの外にさらに新しくラバドという商工業地区が発生する。ピャンジケントでは商工業の発達とともに、ラバドが発生するきざしは見えていたが、アラビア人に滅ぼされたため、それはついに発生しなかった。シャフリスタンから東のほう、灌漑用水路に沿って農村屋敷があり、南のほうには、この町の共同墓地があった。シャフリスタンは高い城壁でかこまれていた。山中の流れに水源をもつ用水路が、町に水を供給していた。市街部の発掘のさい、焼いた粘土管からなる二本の水道線が発見された。

シャフリスタンの中央、やや北寄りに、日乾煉瓦でつくられた多くのへやからなる建物がある。この建物は八世紀に火事で滅びた。この建物の中心に、八メートル四方の正方形の四本柱の広間がある。柱は木だったので礎石だけ残っていた。この広間は東側には壁がなく、中央アジア特有のアイヴァンになっており、その外側は長方形の内庭である。西側の壁には、奥の内陣に通ずる入口があった。神殿の南側にはいくつかのへやがあり、その一つで壁画の断片が発見された。それには儀式の行列がえがかれていたが、三人の男子像だけが残っている。神殿の北側をかこむいくつかのへやにも、壁画があった。その一つの壁に、二人の男子坐像がえがかれている。あぐらをかき、金色の帯をしめた衣服をき、帯には革紐《かわひも》で長い細身の剣をさげている。この人物はソグドのディフカン（土地所有者）で、なにか宗教的饗《きょう》宴《えん》につらなっているものらしい。また、ここには、祭壇にひざまずく神官の像がえがかれていた。隣室では儀式のダンスの壁画が発見された。

この神殿の北に、もう一つ神殿がある。この神殿も主要部は、四本柱の広間、内陣、アイヴァンからなっている。第二の神殿の壁画は、葬祭儀礼に関係する主題を中心にまとめられている。アイヴァンの南壁には、乗馬の人物——ソグドの支配者、四本柱の広間にはシヤウシ哀悼の図がえがかれている。シヤウシというのは、自然力の死と復活を擬人化した神である。この壁画には、木と布でつくられたあずまや風の建物の隙間から、死んだ少年の体が見える。その上には泣女がいる。下のほうには人々がむらがり、そのうちの六人はソグド人で、五人はトルコ人らしい。二人の人物はあずまやのよじった形の棒をささえ、一人は壺を捧げ、他の者は自分の髪をむしり、小刀で耳たぶを切って悲しみの情をあらわしている。左には、シヤウシ哀悼の仲間に加わっている女神がえがかれている。西の壁には、シヤウシの従者らしい戦士がえがかれている。また他の壁には群集をえがいた壁画の断片や、植物模様や幾何学的模様の羽目の断片が残っていた。この二つの神殿にあった壁龕《へきがん》に粘土像が置かれていたが、残念ながら、残っていなかった。一つの坐像の一部と若者の頭像が発見されただけである。第二の神殿の内庭への出口のかたわらのアイヴァンの二つの壁は、粘土彫刻の装飾でおおわれていた。ここでは、人物、海の怪獣、蛇、魚などが、青色にぬられた波の薄浮彫りを背景に、つくられている。とくにおもしろいのは、なにか大きな台をささえた人魚と男の彫像である。明らかに、このアイヴァンの彫像は水神や、ザラフシャン川の神の崇拝と関係がある。ピャンジケントの彫刻の人体の手法は、写実的な古典芸術の特徴が見られる。

シャフリスタンの東部、神殿とむかい合って住居地区がある。この住居地区はいくつかの家屋が集まったもので、壁は日乾煉瓦とパフサでつくられ、多くは二階建で、ときには三階建のものもある。各家屋は儀式の間をもっている。このへやは美しく彫刻された四本の木柱が木の平たい天井をささえ、壁には壁画がえがかれている。

シャフリスタンの東南隅にも住居地区がある。ここの一つの儀式の間で、かなりよく保存された多数の壁画が一九五一年に発見された。

ハープを奏でる女

ピャンジケントで現在まで発見された壁画のうち、最も美しいのは第六地点第一室とよばれるところで発見されたものである。壁画のあったへやは、縦横約七メートルの正方形で、南側の中央部に王座があり、それを中心としてまわりの壁に壁画があった。南壁と北壁にいちばんよく残っており、東壁には全然残っていなかった。

このへやもヴァラフシャやのちに述べるバラルイク・テペとおなじように、入口をのぞき、周囲の壁に沿ってベンチ状の壇が設けられている。王座があったと思われる南の正面は、王座だけ壇の幅が広くなっている。

南壁の左から見ていくと、三人の貴人の立像、騎馬武者、この両者のあいだに建築物があり、やはり剣を帯した人物が入口から体を乗りだし、足もとにウシが伏せている。その右のほうは壁画が落ちており、王座のあたりに、なにか模様らしきものが残り、その右にハープを奏でる女、その隣に戦闘のありさまがえがかれている。戦闘の図は、厳重に武装した人物が三人あらわされ、左の一人が弓に矢をつがえ、右側の二人に対している。ハープの女とこの戦闘図の上にもなにかえがかれているが、人物の足と装飾模様しか見えない。西壁の左隅も戦闘場面だが、損傷がひどく、鎧や楯《たて》の一部しか残っていない。しかし、足もとには二人の人物が横たわっているのが見える。そのうちの一人は大きくえがかれているが、他は小さい。いずれもおなじポーズであるが、その様子はシヤウシ哀悼図のシヤウシとおなじ形で、戦死者のようには見えない。西壁の右隅には美々しく着飾った貴人が椅子《いす》に坐している。北

ハープを奏でる女　ピャンジケントの壁画

壁の左方は長剣を帯した五人の貴人が天蓋の下にあぐらをかいてすわっている。そのなかに杯《さかずき》を手にした者もあり、饗宴の図と思われる。右方の下部に小さくえがかれている人物は従者であろう。北壁の右方に美しい二輪車がえがかれているが、車と荷台、車を引く人物の体の一部しかわからない。東壁は右隅に鎧の一部と剣を持った手の部分が残っているだけである。

ハープを奏でる女の図の断片は縦一三二センチメートル、幅五六センチメートルである。ピャンジケントの壁画は発見以来、種々の化学的方法で原状の再現が試みられた。この図は人体は白、短い上衣は薄桃色、スカートは緑を帯びた灰色、帯やショールは赤橙色、ハープは赤紫色、装身具は黄色で彩色され、きわめて美しい。

ゾロアスター教徒の墓

ピャンジケントのシャフリスタンの南方に、小さな丘が多数点在している。その数は一五〇ほどもある。その下に六—八世紀の墓が埋もれている。この墓は、当時のピャンジケントの住民のナウス（墓）である。

ピャンジケントのナウスは日乾煉瓦とパフサでつくられた正方形あるいは長方形の建物で、ちょうど小さな家のようである。大きさは大小さまざまだが、内部の面積四—五平方メートルのものが最も多い。壁は厚く、すべて一メートル前後、天井は日乾煉瓦のアーチであっていた。一方の壁に高さ一・二メートル以下で幅の狭い入口があり、最初は木の扉がつけられていた。三方の壁に沿ってベンチ状の壇がつくられ、そこに骨を収めたオスアリを安置する。一つのナウスに一〇人くらいずつ葬られているので、これらのナウスは家族墓だったと思われる。アル・ビールーニー（十一世紀初めのホラズムの学者）の記すところによれば、人々はソグドの暦の十二月の終わり（春分のころ）に供物《くもつ》をもって墓に行き、死者を祭った。

ナウス

ピャンジケントのナウスはすべて盗掘され、扉はなくなり、石が積み重ねてあった。内部にはオスアリや土器の断片が散乱していた。銅貨が発見されたナウスもある。ピャンジケントのオスアリには二種類ある。その一つは長方形で、角が丸みを帯び、装飾として、十字、ジグザグ、車などの形が型で押されたり、刻まれたりしている。もう一つの種類は楕円形で、人物や草木など、粘土でつくったものが飾りにはりつけられている。しかしこの二種類の装飾を併用したオスアリが少なくない。またピャンジケントのオスアリはいちじるしく楕円形に近いものが多い。大きさは、平均長さ六〇センチメートル、幅三〇センチメートルである。さきに述べたように、オスアリは住居の形を模したというのが通説であるが、ピャンジケントのオスアリからは定住民の家屋も、遊牧民の天幕（包）も考えられない。

中央アジアの各地でオスアリは多数発見されているが、それを安置した形で発見されたナウスがピャンジケントのように、はっきりした形で発見された例は少ない。その少数のなかに、最近（一九五四—五六年）トルクメン共和国のバイラム・アリ付近で発掘された五—七世紀のナウスがある。このナウスはピャンジケントのものとは構造が違う。三四メートルのほぼ正方形の日乾煉瓦の建物で、内部に正方形の中庭があり、その周囲に中庭と直角の壁で仕切られた二四の細長いへやがあった。それらのへやでさまざまな形のオスアリが発見されている。バイラム・アリのオスアリは、ソグドやセミレチエとはまったく異なる種類のもので、装飾はほとんど施されていない。それらのなかで、注目されるのは、明らかにケシュクの形を模したと思われるオスアリである。これを見ると、ピャンジケントの場合と異なり、オスアリは家屋の形を模したものであるという説がうなずかれるような気がする。

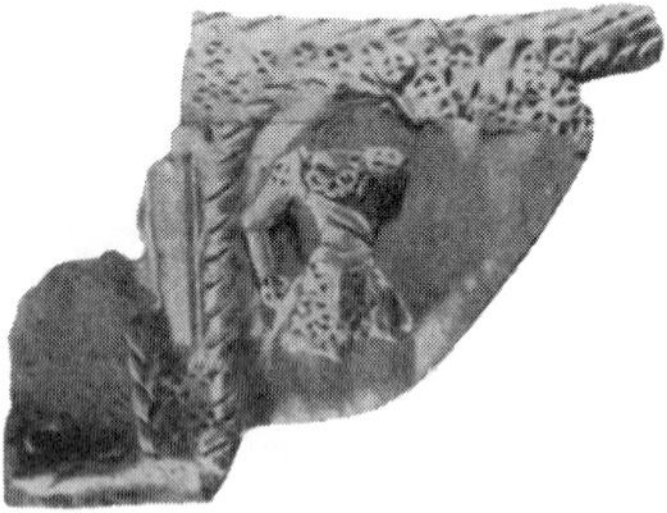
オスアリの断片

ムーグ山の城

一九三三年の春、ザラフシャン川上流、ピャンジケントの東方約五〇キロメートルのムーグ山で、土地の羊飼いがヤナギの枝で編んだ籠《かご》と、わからない言語で書かれた文書を偶然発見した。この発見物は村役場から、地方の主都レニナバードに届けられ、そこから、鑑定のためレニングラードのイラン学の大家フレイマンのもとに送られた。フレイマンによって、この文書はソグド語で書かれ、サマルカンドに関係のある人物にあてた手紙だとわかった。これがソ連邦における最初のソグド文書の発見である。それ以前に発見されたソグド文書はすべて東トルキスタンで発見されたものであった。この文書発見の重大さを考えた科学アカデミアは、同年秋、フレイマンを隊長とする調査隊を現地に派遣した。

ムーグ山はザラフシャン川の左岸、北と西は川に臨み、東は深い谷をひかえ、南からほとんど人の通らない小径《こみち》をたどって、ようやく登ることのできる要害堅固なところである。この山頂に城塞があった。城塞は一九三三年に調査されたが、さらに一九四六年にソグド・タジク調査隊によって再調査された。城塞は東は六五メートル、北は二三メートル、西は四〇メートルの長さの城壁にかこまれ（南側は崩壊していた）、西南隅に城塞の主要な建物があった。この建物は東側は長さ一九・五メートル、北側は一八・五メートルで、その内部は北側に通廊があり、それと直角に五つのアーチ天井のへやが平行に並んでいる。これらのへやはだいたいおなじ大きさで、長さは一七・二―一七・五メートル、幅は一・八メートル（一

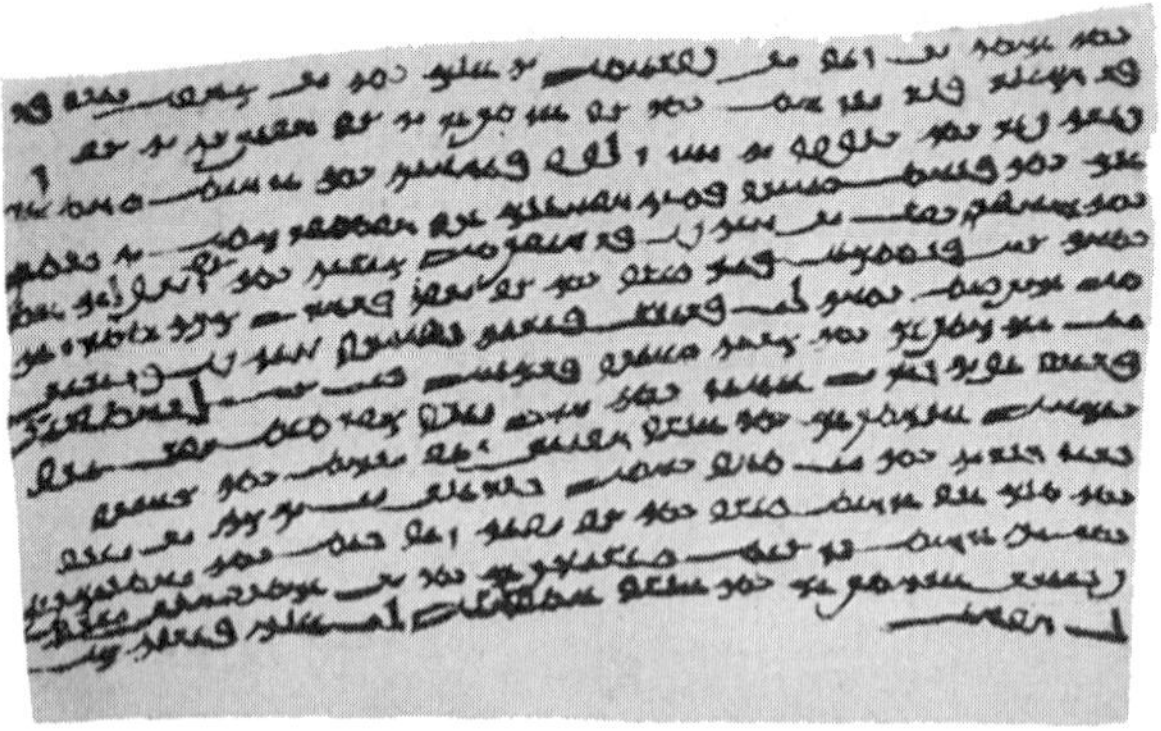

ムーグ山のソグド語文書

室だけ二・二メートル）であった。北側の通廊もアーチ天井をもち、幅一・一五メートル、建物の南の部分は崩壊していた。これは敵が南から攻撃したことを語るものであろうか。

ムーグ山の城塞から紙・皮・木に書かれた八一片の文書が発見された。それらのうち、アラビア語と中国語のもの以外はすべてソグド語のもので、東トルキスタンで発見されたソグド仏教文書と同じアラム文字で書かれていた。これらの文書の大部分は、〈ソグド王・サマルカンドの支配者、ディヴァシティチ〉という名の人物にかんするものである。ディヴァシティチはアラビア史料によれば、八世紀初めにアラビア人に抵抗したソグド王で、彼はアラビア軍に攻撃され、ついにこの城に落ちのび、七二二年に攻め滅ぼされたのであった。発見された文書はディヴァシティチの他のソグド人との往復文書、経済上の控え、命令な

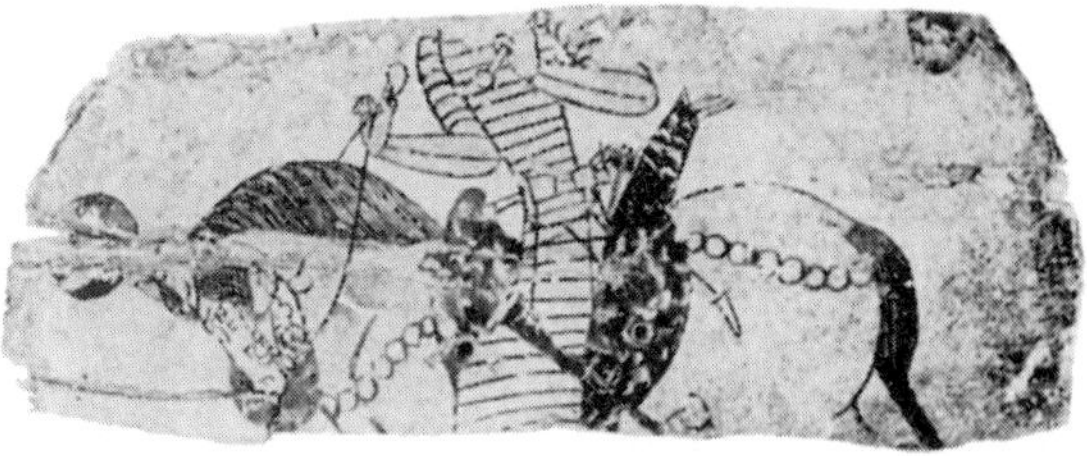

ムーグ山の遺物
楯の断片と靴

どアラビア人侵入時代の政治・経済にかんするものであるが、ソグドの暦にかんするものもあった。また、ここで発見されたアラビア語文書は中央アジアで発見された最古のアラビア語史料である。

　ムーグ山城はソグド語文書の発見で有名になったが、一九三三年の調査のさい四〇〇点以上の遺物も発見されている。ムーグ山の遺物には金属器・貨幣・土器などのほか、木・布・毛などの製品も残っていた。木器には櫛《くし》・椀《わん》・皿などの日用品、矢・楯などの武器のほか鋤《すき》もあった。これらのうち、楯の断片はよく知られ、わが国の多くの書物にも紹介されている。これは木の上に皮を張り、彩色した騎者がえがかれている。鞍の上の人物は膝より長い上衣を着、長剣と短剣を帯び、矢筒をさげている。ウマと人物の色調は黄色である。この楯の画と、ピャンジケントの一室で発見された壁画の騎者像は、ほとんどおなじモチーフである。また珍しく良く残ったものに、ヤナギの枝を編んでつくった容器の蓋がある。織物類の断片は約一五〇片発見され、綿布と絹布は多いが毛織物は少ない。これらはひじょうに小さな断片になっているため、ソグド人の衣服にどのように使われたものかまったく判断できないが、ピャンジケントの壁画の人物の服装を研究する重要な参考資料である。

ムーグ山城はピャンジケントのように大きな遺跡ではないが、ピャンジケントの遺物や壁画の研究を助け、またムーグ山城の遺物はピャンジケントのものによってよく理解される。この二つの遺跡は両者あいまって、七―八世紀のソグド文化の重要な資料である。前世紀から知られた東トルキスタンのソグド文化は、ソグド植民地の文化であり、セミレチエのソグド文化は遊牧民の影響をこうむったものなので、ムーグ山とピャンジケントの遺物によって、本来のソグド文化が明らかにされる。

エフタル貴族の姿

四世紀のころから、エフタル種族がクシャン帝国の衰退に乗じておこり、五世紀末にはインド北部まで侵入するほどの勢力になり、六世紀初めまでにソグドやトハリスタン（バクトリア）において支配を固め、イランのササン朝と拮抗《きっこう》する国家となった。しかし、エフタル

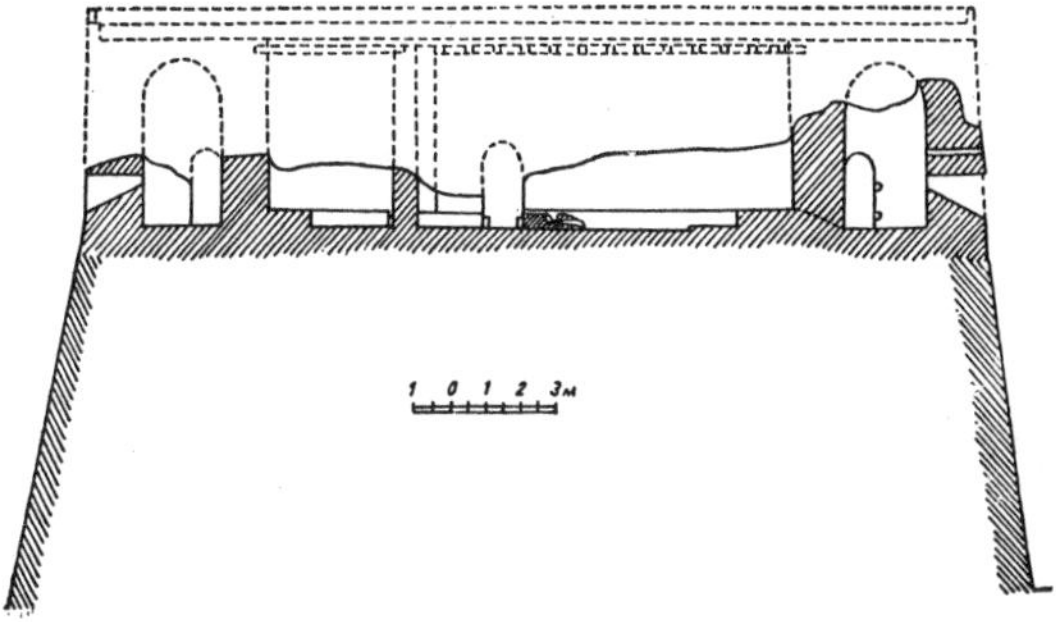

バラルイク・テペの断面図（復元）

は六世紀後半には北から突厥、南からはササン朝に圧迫されて衰えた。

エフタルは中国史料では、嚈噠・挹怛などと書かれ、ローマやビザンチンでは白色フンとよばれた。エフタルの起源は明らかでないが、アラル海東岸、シル・ダリア下流にいたサカ、マッサゲタイの子孫が、東北方から侵入してきた匈奴とながいあいだ混淆《こんこう》してしだいに形成されたと思われる。

クシャン帝国が衰え、エフタルの支配がそれに代わったころは、とくに中国史料が乏しいため、ウズベク共和国科学アカデミアは一九五〇年から、テルメス付近のこの時代の考古学的研究に力を入れはじめた。前に述べたように、テルメス地方は古代のバクトリアの地で、多くの城塞や都城の跡が残っている。それらのうち、一九五三年から発掘をはじめたバラルイク・テペは、とくに注目される。

バラルイク・テペはテルメスの西北三〇キロメート

ルにあり、バラルイク・テペというのはウズベク語で〈子持ち丘〉の意味である。このテペは四方三〇メートル、高さ約一〇メートルの丘で、その東南一〇メートルほどに小さな丘があるので、〈子持ち丘〉と土地の人々によばれている。テペは粘土を固めて築いたもので、上のほうに日乾煉瓦の建物の跡が見られる。バラルイク・テペは農村居住城塞（ケシュク）である。

バラルイク・テペは最初五世紀につくられ、截頭ピラミッド状の土壇の上端にそって廻廊状に建物が日乾煉瓦で建てられた。中央部は中庭になっていてなにも建てられていない。この廻廊状の建物には、南側と北側にはそれぞれ三室、東側と西側にはそれぞれ二室、幅二メートルほどの細長いへやがある。壁の厚さは外側二メートル、内側はそれより薄い。おなじ側のへやは細い出入口で連絡されているが、他の側には通じていない。たとえば、西側と北側、東側と南側はそれぞれ壁で仕切られ、連絡されていない。各室はいずれも中庭に面して出入口があった。各室には外にむかって二つずつ矢挟間が設けられていた。建物の東南隅にさらにもう一室突出していて、その南の小丘とのあいだに橋が架けられ、建物に出入りできるようになっていた。これらの部屋はアーチ天井であった。五世紀末あるいは六世紀初めに、中庭を壁で仕切り、三つのへやと二本の細い長い廊下がつくられた。これらの新しいへやは、アーチではなく、木を並べた平たい天井だった。そのうちの西北隅に近いへやで壁画が発見された。

バラルイク・テペの壁画

このへやは縦横四・八五メートルの正方形で、東南の隅に出入口があった。四方の壁に沿って高さ四〇センチメートル前後、幅一メートル前後のベンチ状の壇がつくられている。またへやの中央には、ヴァラフシャの〈赤い広間〉とおなじように祭壇らしい壇があった。四方の壁は壇の上から一・二―一・四メートルの間に壁画がえがかれ、その上端と天井とのあいだには、木の彫刻の飾りが取りつけられていた。このへやは宗教儀式のためのものであろう。

このへやの壁画は宗教的饗宴のありさまで、美しい模様の衣服の男女が杯を手にして並んですわり、そのうしろに小さくえがかれた従者が団扇《うちわ》を持って立っている。四方の壁に総計四七人の人物がえがかれ、その衣服は別の色の布で縁どられたながい上着で、右側の襟《えり》を外側に大きく三角形に折っているのが目につく（東トルキスタンのキジルの画家洞の人物も、このような衣服を着ている）。男の人物が腰に帯びた短剣は、ピャンジケントの壁画のものとほとんどおなじであり、また突厥のバルバルにも同様なものがある。

この壁画は宗教的饗宴の図であることは、明らかであるが、いったいいかなる宗教のものであろうか。バラルイク・テペの遺跡から、いろいろな宗教的要素を示す遺物が発掘されている。まず烏孫やセミレチエのソグド遺物や、ピャンジケントやヴァラフシャの壁画に見える灯明台が発見され、聖火壇もある。ゾロアスター教的信仰をあらわすものとしては、イヌの顎骨《あごぼね》が発見されている。豊饒神の信仰をあらわすメダル、植物の種子、塩塊でつくったラクダ像なども発見されている。壁画の人物には杯のほか、円い鏡らしきものを持ったものもいる。これもなにか宗教的意味のものであろう。しかし壁画のなかに婦人がえがかれていることは注意される。正統的なゾロアスター教では、婦人の儀式参加は禁じられている。このように、バラルイク・テペの壁画や遺物には種々の宗教的要素があって、いちがいに断定することはできない。おそらくいろいろな宗教的要素を取りいれた豊饒神崇拝の儀礼であろう。

バラルイク・テペの壁画の背景は青色の地に、赤味を帯びた大きなリボンが飾られ、リボンに鈴がさがっている。この鈴にもなにか意味があると思われる。このどちらかといえば暗い背景にたいし、人物は明るくえがかれ、対照的に浮きでて見える。壁画の人物の風貌《ふうぼう》はソグド的でなく、むしろモンゴロイドである。この種の顔は、突厥のバルバルにも少なからず見いだされる。バラルイク・テペを調査したアリバウムは、ここにえがかれた人物は、この地方を支配したエフタルの貴族であるといっている。しかし、エフタルの文化は、バクトアリ以来、この地方に栄えてきたトハリスタンの文化より低いので、この壁画をえがいたのは、エフタルでなく、トハリスタンの画家であろう。

ヴァラフシャで壁画が発見されて以来、ピャンジケント、バラルイク・テペと六―七世紀の壁画の資料が多くなっている（トルストフのトプラク・カラの壁画があるが、これは時代がややさかのぼる）。これまで、東トルキスタンでは多くの壁画が発見されたが、中央アジアではほとんど見るべき発見がなかったので、この三ヵ所の新発見は中央アジアばかりでなく、東トルキスタンの絵画の歴史にとって貴重な資料となるであろう。さらにソヴェート中央アジア考古学が新しい資料を掘りだすことが期待される。

オアシスの夕映え

コーランと剣

七世紀の終わりころアラビア人は中央アジアの国境に姿をあらわし、八世紀の三〇年代にはマワランナフル（アム・ダリア川とシル・ダリア川の間の地。中央アジア南部にたいするアラビア人のよび方）を征服し、被征服民にイスラム教を強制した。新宗教は支配階級や都市では比較的早く普及したが、一般民衆や農村ではながいあいだゾロアスター教やその他旧来の信仰がおこなわれていた。また支配階級にはアラビア語が広く使われるようになったが、民衆は自国語（イラン語、テュルク語その他）を話しつづけた。なお当時の中央アジア住民の文化水準は、征服者であるアラビア人よりも高かった。

アラビア人の侵入にたいして、中央アジアの住民はテュルク諸種族と協同して頑強に抵抗したので、アラビア人は中央アジアを征服するのに、ほとんど五〇年かかった。このながいはげしい戦乱のなかで、中央アジアの文化が多く失われた。ムーグ山の城郭やピャンジケントの都城などは、このようにして滅んだ。アラビア人の中央アジア征服の波は東トルキスタンにも及び、中央アジアにおける覇権《はけん》をねらっていた唐との衝突は不可避となった。七五一年に、タラス河畔でアラビア、唐両軍の合戦がおこなわれたが、勝利はアラビア軍に帰した。

しかし、アラビア人の支配はカザフスタンにはひろがらず、ステップ地帯では、種々のテュルク種族が独立をたもっていた。セミレチエでは、テュルゲシ（突騎施）の種族連合が生まれ（八世紀）、ついでカルルク（葛邏禄）種族連合がおこった（八—十世紀）。また、カルルクの時代に、多くのウイグル（回鶻）族が東トルキスタンからセミレチエに移住した。西のほう、シル・ダリア川下流地方には、オグズ族の大きな種族連合があった。オグズ族はカルルク族と同様に牧畜のほかに農業もおこない、商業の中心地——都市をもっていた。セミレチエの諸種族の文化は、前に述べたベルンシュタム、オグズについてはトルストフのホラズム調査によって明らかにされている。アラビア人は中央アジア南部は政治的に支配したが、その勢力は北部には及ばなかった。

一方、中央アジア南部においても、アラビア人は住民の民族構成には大きな影響を与えなかった。現在、中央アジアにアラビア人が住んではいるが、それはずっと後世のティムールの時代に移住して来たものの子孫である。

学芸の繁栄

アラビア人の中央アジアやイランの支配はながくはつづかず、ターヒル朝、サッファール朝、サーマーン朝などの国家がつぎつぎにおこった。なかでも、ブハラを首都としたサーマーン朝は八七四年から九九九年までつづき、中央アジアの文化に大きな役割を果たすが、この王朝の下で現在のタジク人が形成された。サーマーン朝はマワランナフル、ホラズム、シル・ダリア流域、トルクメニアの一部、アフガニスタンの大部分、イランなどを統一した。この時代に、中央アジアの都市（サマルカンド、ブハラなど）が発展する。また工芸（とくに製陶）・芸術・文学・科学などが発達をとげる。

ダリー語の発展は、この時代のことである（のちに、この言語から現代のタジク語とイラン語が生まれる）。ルダキが美しい詩を書き、フィルダウシーが大叙事詩『シャー・ナーメ』を著わしたのは、この言語である。このころ、アラビア語は中世ヨーロッパにおけるラテン語のように、学術用語となっていた。数学者、天文学者のアル・ホラズミー（この名の訛った形からalgorismという数学用語がつくられた）やホラズム生まれの百科全書派的学者アル・ビールーニーらは、アラビア語で多くの著作をした。十二世紀にラテン語に翻訳され、ヨーロッパでひろくおこなわれた『医学規範』の著者で、同時にすぐれた天文学者・哲学者・動物学者・植物学者のイブン・シーナー（ヨーロッパではアヴィケンナとよばれる）も、この時代の人である。

ブハラのサーマーン朝の宮廷には、これらの学者や芸術家が出入りし、九―十世紀のブハラは東洋における文化の中心地であった。タラスの戦いののち、捕虜になった中国の製紙職人がサマルカンドに連れて来られ、サマルカンドが製紙の中心になる。中世における最もすぐれた図書館といわれたブハラの宮廷図書館の書物は紙であった。この宮廷図書館では部門別にそれぞれへやが定まっており、また目録が作成されていて、たやすく望みの書物を手にすることができた。

ブハラ市西北部の公園のなかに、サーマーン王朝の創建者イスマイール・サーマーニーの霊廟がある。この建物は大きくはないが、学芸の保護者であった国王にふさわしい美しい建物である。十世紀の中央アジアおよび前方アジアで最も美しい建物だといわれている。底面一〇・八メートル×一〇・七メートルの立方体で大きな半球形の丸屋根をいただいている。この建物の形はいささか変わっている。四方すべておなじ作りで、正面や背面あるいは側面などの区別はない。四方にアーチ形の出入口があある。四隅には、横断面の四分の一が壁のなかにはいった円柱がある。建物の上部に、アーチ形の九個の窓が開いている。壁は正方形の焼いた小さな煉瓦でつくられ、三、四枚一組にされた煉瓦が垂直、あるいは水平、あるいは斜めに置かれ、布目を見るような印象を与える。建物の上縁や出入口の縁どりには、輪の形をつけた

ブハラのイスマイール廟

煉瓦など種々の形につくられた煉瓦が使われている。壁の厚さは一・八メートル。イスマイール廟の構造や装飾のいろいろな要素は、アラビア以前の中央アジアのものであるが、それらを集約的に発揮した点がきわめてユニークである。この廟はイスマイールが生前、父のためにつくったが、のちに彼がここに葬られた。建造年代は、八九二年から九〇七年のあいだである。一九二〇年までは周囲がイスラム教徒の墓地になっていて、建物の三分の一が地中に埋まっていた。一九二七年に発掘がおこなわれ、床の下に二つの木棺が発見された。

死の塔

十世紀の九〇年代に、カシュガルとセミレチエに、テュルク系のカラハン王朝がおこった。まもなく、カラハン王朝は東トルキスタンから中央アジアまで征服し、ガズニ朝と国境を接するようになった。ユスフ・バラサグニーの著作『クタドク・ビリク』はこの時代のもので、言語や文学の資料として知られ、また、マフムード・カシュガリーのアラブ語の著作『ディヴァン・ルガト・アト＝テュルク』（トルコ語辞典）は、トルコ語にかんする貴重な資料である。

カラハン王朝は、東トルキスタンと中央アジアのオアシスの先進的な文化を結びつけるのに大きな役割を果たした。ステップも都市文化圏と深い関係をもつようになる。タシュケント、ウズゲン、ブハラ、ウルゲンチ、メルヴ、ホラサン諸都市はひじょうに繁栄する。都市の職人は多彩な陶器をつくり、薄い色ガラスの製造を発達させ、ガラスは住居や宮殿の建築に使われるようになる。焼いた煉瓦の大建築物がひろく普及する。新しい建築様式が大玄関や新形式のアーチ天井などにあらわれる。

ブハラ、ウズゲン、テルメス、サマルカンドなどには、カラハン王朝時代のすぐれた文化財、ことに建築物が多数残っている。

ブハラの町のどこからでも見え、この町のシンボルになっているのが、カリャン寺院のミナレット（尖塔）である。この巨大な煙突のような塔は高さ四六・五メートルあり、中央アジアで最高である。一一二七年にカラハン王朝のアルスラン・ハン（在位一一〇二—一一三〇年）によって建立された。ミナレットは煉瓦でつくられている。なかはからで、一〇四段の石段が上の展望台に螺旋状《らせんじょう》に通じている。頂上の展望台は塔体からいくらか突きでており、円柱が並び、そのあいだに一六の窓がある。塔の表面は煉瓦を組みあわせた幾種かの帯模様が取りまき、その手法はイスマイール廟に似ている。

カリャン寺院の塔

四〇メートル以上もある煉瓦積みの高塔が、ときどき地震に見まわれる中央アジアで八〇〇年以上もビクともしないのは驚異である（中央アジアの歴史的な建物で、地震のため崩壊したものは少なくない）。このミナレットの基底部は、一〇メートル地下にはいり、その直径は九メートルである。伝説によれば、このミナレットの基礎を漆喰とラクダの乳の溶液で固めた職人頭は、二年間姿を消していたが、溶液がしっかり固まったころ姿をあらわし、ふたたび煉瓦を積みかさねはじめた。

ミナレットは、イスラム教徒に祈禱《きとう》の合図をするためのもので、毎日、カリャン寺院から四人のムアッディンが上に登りアザンを宣する。それにつづいて、市内にある二〇〇以上の寺院の高所から、それぞれの寺院のアザンチが祈禱の合図を叫びはじめる。またこの塔は物見台の役割も果たしていたが、十八、十九世紀には死刑囚を下につき落としたので、死の塔とよばれた。ここでおこなわれた最後の死刑は、一八八四年であった。

ブハラの中心部にフルンゼ小公園（フルンゼは国内戦争のとき、中央アジアを反革命軍から解放した革命軍の将軍）という木立におおわれた、ちょっとした広場があり、その一隅にマゴキ・アッタリという寺院がある。寺院があるといっても、建物の大部分は地中に埋もれ、一二の円屋根からなる上部だけが、わずかに地上に出ているにすぎない。これは付近の土地が長年のあいだに高くなったからである。

ブハラの歴史を書いた十世紀の歴史家、ナルシャヒーによれば、昔ブハラでは偶像崇拝（仏教と思われる）がさかんで、現在のマゴキ・アッタリの場所に寺院があり、一年に二度、偶像の市が立っていた。ところが、のちにこの寺院がゾロアスター教の神殿に変わり、人々は火を礼拝するようになったが、アラビア人がはいって来ると、こんどはこの神殿をイスラム教の寺院に変えてしまった。この寺院はブハラで著名な寺院の一つであると、ナルシャヒーは述べている。一九三四―三五年に、マゴキ・アッタリ寺院はシシュキンによって発掘され、そのとき、ここに五つの建物の床が重なっていることが明らかになった。したがって、ナルシャヒーのいうように、イスラム寺院になる以前に、ここに他の宗教の寺院があったことは確かである。

　このとき発掘された南玄関の部分は、破損がひどかったが修理が加えられ、その前面の土がとりのぞかれ地上から見えるようになった。この玄関の部分は、漆喰彫刻・粘土彫刻・煉瓦・施釉タイルなど当時のあらゆる技法を使って美しく飾られている。マゴキ・アッタリ寺院の南玄関とカリャン寺院のミナレットは、ブハラばかりでなく、全中央アジアの文化史におけるきわめて貴重な遺産である。

マゴキ・アッタリ寺院

幾何学的模様と植物模様

中央アジアの古代の建築物はすべて、日乾煉瓦でつくられたが、十一世紀ころになると焼いた煉瓦が使われるようになる。十一世紀後半には、建物は日乾煉瓦でつくり、表面に焼いた煉瓦を張った建物があらわれ、十二世紀までには、建物全部を焼いた煉瓦でつくるようになる。煉瓦の需要は日ましに増大し、現代の規格にもかなう良質の煉瓦の生産が各地でおこなわれはじめた。

イスラム教は、コーランのなかに存在しないにもかかわらず、人や動物の形を写すことを禁止していた。この禁はしばしば破られたが、それでも、芸術に大きな影響を及ぼした。創造を制限された芸術家はしかたなしに模様で飾ることに転向し、この分野はひじょうな発達をとげる。全イスラム諸国のうちで、最良の装飾文様が中央アジア、とくにブハラとサマルカンドでつくられ、それは建築物の壁に見ることができる。

すでに見たように、九世紀につくられたイスマイール廟では、煉瓦を組みあわせて模様をつくり出している。十二世紀初めには、中央アジアの幾何学的模様――ギレフ――は完全に発達をとげる。この模様の全盛は数世紀つづく。このような装飾はすべてのイスラム諸国に共通であるが、中央アジアにおいて完成の域に達した。現存する建物から判断するに、モンゴル以前のブハラの建築装飾は、いろいろな形の煉瓦でおこなわれ、アフラシアブの出土品によれば、サマルカンドでは、植物や文字やいろいろな模様の形が粘土でつくられ、釉薬《うわぐすり》を施して焼かれた。

花や枝を様式化した複雑なイスリミという模様も、ギレフとともにさかんに使われた。植物模様もイスラム諸国ではひろくおこなわれたものである。さらに中央アジアをふくめて、イスラム諸国には、文字の模様化がある。これにはアラブ文字の流動的な柔軟な形が大いに役だった。

十二世紀に中央アジアでは、自然に黄褐色な普通の煉瓦のほかに、施釉煉瓦を建築装飾に使うようになったが、それはまだわずかで、ただ青色が補助的に使われたくらいなものであった。

モンゴルの爪あと

カラハン王朝との戦いにのりだしてくるのは、シル・ダリア川の下流におこったオグズ族のセルジュク王朝である。十一世紀にセルジュク王朝はカラハン王朝や、それと隣接するガズニ王朝ばかりでなく、前方アジアの大部分を征服した。セルジュク王朝の中心はマルイ（トルクメン共和国）であった。

セルジュクのオグズ族がシル・ダリア流域から現在のトルクメニアの地に移り、そこの原住民と混淆することによって、トルクメン民族が形成される基礎が生じた。そのほか、この移動によって、ホラズムやブハラの若干地方の住民がいちじるしくトルコ化された。

十二世紀に、東方から契丹族《きったんぞく》が移動して来、セミレチエに国家を建設した。これがカラ・キタイである（中国では西遼という）。まもなくカラ・キタイはマワランナフルの地を征服した。中央アジアにおいてカラ・キタイの一部はテュルク種族と混淆し、トルコ化した。ウズベク人やカザフ人のなかに、キタイという名の種族や氏族があるのは、このためである。

カラ・キタイの中央アジア支配は、ながくはつづかなかった。十二世紀末に、ホラズム国が強大になり、その王はセルジュク族を粉砕し、巨大なホラズム・シャー帝国を樹立した。十三世紀初めに、この帝国は全中央アジア、イラン、アゼルバイジャンを統一した。この時代は、封建制度が最高に発展し、都市や商業、手工業が繁栄した時代である。

しかし、ホラズム・シャー帝国の栄華の夢は、モンゴル人の侵入によって一朝にして消えた。一二一九―一二二一年にチンギス・カンの軍隊が中央アジアに殺到し、町や村を壊滅し、灌漑施設を破壊し、人々を大量に虐殺し、奴隷としてつれ去った。モンゴリアの征服は、中央アジアの経済的・文化的立ちおくれの主要な原因の一つである。中央アジアは、この立ちおくれから数世紀間立ちなおれなかった。モンゴルの征服の結果、多数のモンゴル人が中央アジアにはいりこんだが、その軍隊の大部分は、モンゴルの支配下にあったトルコ種族であった。このように、ウズベク人やカザフ人の氏族のなかにモンゴル的名称をもつものが生じたが、それはこれらの氏族がモンゴルに起源するということにはならない。モンゴル人のなかには、中央アジアに定着した者もあるが、原地人に同化され、モンゴルの特色を失った。

モンゴルは東は朝鮮から西はロシア、北はシベリアから南は北西インドに及ぶ、アジア・

ヨーロッパ両大陸にまたがる空前の大帝国を建設した。しかし、この大帝国は実質的にはチンギス・カン一族の支配する四つの国に分かれていた。中国の元、中央アジアのチャガタイ・カン国、ロシアの金帳汗国、ペルシアのイル・カン国の四国である。これらの四国は最初のあいだはたがいに緊密に連絡をたもっていたが、しだいに分立の方向に進み、異なった歴史的運命をもつようになる。

モンゴルの侵入によって、中央アジアのほとんどすべての都市は破壊され、住民は殺された。サマルカンドの住民は、一五〇〇年以上も自分たちの町のあったところに、町を復興することはできなかった。新しい町ができたのは現在のサマルカンドの地で、古い町は放棄され荒廃し、アフラシアブとよばれる廃墟になった。モンゴル人は中央アジアの灌漑施設の大部分を破壊した。そのために、中央アジアの住民が二〇〇〇年間につくりあげたオアシスは、砂漠の砂に埋もれてしまった。ソヴェートの考古学者は、中央アジアのあらゆる時代の運河を研究し、灌漑網の縮小の原因が外敵の侵入であったことを証明した。これまで、中央アジアの乾燥化・砂漠化は自然的原因によるものだと考えられていたが、ソヴェート学者の研究によって、この説はくつがえされた。中央アジアのどの地方においても、人間の努力によって肥沃《ひよく》の土地がつくり出されたが、また反対に人間の行為によって砂漠にもなった。

モンゴルの侵入はあらゆる建設活動を停止させた。したがって、十三世紀の建築物は残っていない。十四世紀になって、建築も復興するが、それは新しい形式のものである（モンゴルの影響は問題にならない）。壁に化粧煉瓦、タイルを一面に張りつめることが、一般的になる。これはすでに述べたように、建築装飾の補助的様式として、すでに十二世紀におこなわれていた釉薬を施した装飾を基礎として発展したものである。

英雄ティムール

十四世紀に、トルコ化したバルラスというモンゴル氏族からティムールという征服者が出現する（一三三六年）。ヨーロッパでは、ティムールはタメルランとよばれるが、これはティムール・イ・ランク、跛者のティムールというペルシア語が訛《なま》ったものである。ティムールはチンギス・カンの後継者をもって自ら任じ、三八年にわたる征服戦争によって、インダス川からヴォルガ川、シリアから中国に及ぶ大帝国を建設した。ティムールの軍隊は、多くの文化の中心を荒廃させ、地上から抹殺《まっさつ》した。そのなかには、ホラズムのウルゲンチがある。ティムールは征服した中央アジアや近東諸国——メソポタミア、シリア、インド、イラン、その他——から技術をもった多数の捕虜を奴隷として、サマルカンドに連行した。これらの奴隷の労働力を使って、ティムールは首都サマルカンドの美化をはかり、今日も残る大建物がいくつも建てられた。

ティムールの帝国は落日直前のすばらしく美しい夕映えにたとえられるものである。この帝国を最後として、中央アジアは世界史の輝かしい舞台から去っていく。うちつづく封建的内乱のために、中央アジアは分裂の状態になり、文化は衰えるが、一方、このころからヨーロッパ人の海路による世界開拓時代がはじまり、中央アジアを通って世界の東と西を結んだ大動脈——シルク・ロード——も人々から忘れられてしまう。

東方の真珠

イスラム教徒の作家は、サマルカンドのことを〈イスラム東方世界の貴重な真珠〉、〈古代東方のエデンの園〉などとよんでいる。しばらくティムール前後のサマルカンドについてみよう。

チンギス・カンの軍隊は一二一九年に中央アジアに侵入し、翌一二二〇年二月ブハラを、三月にサマルカンドを陥れた。モンゴル人に荒らされたのち、住民はサマルカンドを放棄した。しかし、まもなく、旧サマルカンド（アフラシアブ）の南に新たにサマルカンドの町がつくられたらしい。十三世紀後半に、サマルカンドに来たマルコ・ポーロは、サマルカンドのことを大きな有名な都会だといっている。

モンゴルの支配時代、サマルカンドはチンギス・カンの次子、チャガタイの領国——チャガタイ・カン国の領内にはいっていた。モンゴル支配時代の末期に属する建築物がシャーヒ・ジンダ霊廟群のなかに残っている。

ティムール帝国の首都となったサマルカンドでは、大きな建設事業がおこなわれた。まずティムールは一三七一―七二年に、サマルカンドの城壁を修復し、市の西部に城塞を築いた。また市街やバザールの都市計画が改善された。ティムール時代の歴史家は、「かつてサマルカンドのすべての建物は泥と木であったが、この強国の時代には、多くの建物が焼いた煉瓦でつくられた」と伝えている。美しい庭園がつくられ、宮殿が建てられた。シャフリシャブズ（ティムールの生地）の宮殿の碑文には「余の権勢と仁慈を疑うならば、余の建設を見よ」と記されている。

ティムールは多くの国々（ジェノア、ヴェニス、ビザンチン、イスパニア、フランス、イギリス）と使節や文書の交換をおこなった。一四〇四年に、イスパニアの使節、ルイ・ゴンザレス・クラヴィホがティムールの宮廷に到着した。彼のくわしい旅行記は、当時の中央アジアにかんする多くの興味ある事実を伝えている。クラヴィホはサマルカンドについて、その富の多種多様なこと、商業が活潑で、インドや中国、モンゴリアなどから種々さまざまな商品が集まっていることなどを述べている。

ティムール時代にサマルカンドに建てられた建築物で今日まで残っているものに、ビビ・ハーヌイム寺院、グーリ・ミール廟、シャーヒ・ジンダ霊廟群などがある。ティムールが建てたものはすべて、その規模の大きいことやつくりがきわめて豪奢《ごうしゃ》なことなどがめだつ。

一四〇五年、中国遠征へ準備中、ティムールは死し、その子のシャールフが跡を継いだ。シャールフは首都をサマルカンドからヘラトに移したが、サマルカンドを中心とするマワランナフルの支配は長子ウルグベクに委ねられた。ティムールの死後、彼の大帝国は分裂と衰退の傾向を見せるが、サマルカンドは依然としてティムール帝国の中心で、全国の首都の観を呈していた。ウルグベクの時代も建造事業がつづけられ、また外国、とくに中国と活潑な連絡がもたれた。ウルグベクの名とともに忘れられないのは、レギスタン広場の学院《メドレセ》や天文台である。

シャーヒ・ジンダ

十五世紀末に短期間ではあるが、サマルカンドを支配したバーブルは、サマルカンドについて、つぎのように書いている。

——サマルカンドは驚くほど美しい都会である。そこには、他の多くの都会では見られない一つの特徴がある。すなわち、各種の商業や工業は、それぞれ定まった街区でおこなわれ、入りまじっていない。習俗は美しい。良いパン工場や酒場がある。世界で最上の紙はサマルカンドでつくられる……サマルカンドのもう一つの製品は、イチゴ色のビロードで、それはあらゆる国に輸出される……サマルカンドはブドウ、ウリ、リンゴ、イチジクなどの見事な果実を多量に産する。また他のあらゆるくだものもよろしい。

とくに、サマルカンドのリンゴと〈サヒビ〉(ブドウの一種)は有名である。

生ける王と死せる王

サマルカンドの市街の北部に接してアフラシアブの廃墟の丘が一面に広々とひろがっている。丘に沿って右手に五〇〇メートルほど行くと左側、丘の斜面に色つきタイルを張った円屋根が美しく輝いている建物がいくつか集まっている。これがサマルカンドでいちばん美しい建物のアンサンブル、シャーヒ・ジンダである。シャーヒ・ジンダというのは〈生ける王〉という意味である。

伝説によれば、預言者マホメットの従兄弟クッサムの墓がここにあり、クッサムは人々に〈生ける王〉とよばれた。クッサムは生きたまま、この世を去り、あの世で生きつづけていると考えられていた。このクッサムの墓所のそばにティムール一族の廟がつぎつぎに建てられ、霊廟建築のアンサンブルが生まれた。クッサムがサマルカンドに来、そこで死んだかどうか疑わしいが、とにかく、ここにイスラム以前からだれかある聖者の墓があり、人々に崇敬されていたのが、イスラム教の普及とともにクッサムのものとされるにいたったのであろう。

シャーヒ・ジンダの建物のなかでいちばん新しいのは入口の建物で、これは一四三四―三五年にウルグベクがわが子のために建てたものである。この建物を通りぬけると三四段の石段がある。石段の左側に大小三個の美しい円屋根のある建物がある。これはウルグベクの師、天文学者のカジ＝ザデ・ルミー（一四三七年没）の廟である。石段を登ると左側に二、右側に三の廟がある。これらの廟はだいたい十四世紀なかばすぎの建築である。ここから北のほうに一〇〇メートルほど、両側を煉瓦《れんが》塀《べい》でかこまれた幅二メートルほどの通廊がある。この通廊の途中、左手に廟が二、突きあたりに六の廟がある。これらの廟はいずれも建築年代を異にし、建築様式も異なる。そのうちでいちばん古いのは通廊の突きあたりの正面にわずかに前面の壁だけを残すホジャ・アフマドの廟で、十四世紀初めの建築である。この建築物群のなかにクッサムの寺院と廟がある。前者は十五世紀初めに、後者は十四世紀三〇年代に改築されている。

シャディ・ムルク・アカ廟（シャーヒ・ジンダ）壁面の模様

シャーヒ・ジンダの霊廟群は、十四—十五世紀の建築装飾の展覧会である。ここでは、さきに述べた建築装飾のあらゆる見本を見ることができる。

こんどはティムールの墓グーリ・ミール（グーリ・エミール）についてみよう。グーリ・ミールというのは、エミール（太守）の墓ということであ

グーリ・ミール

る。この建物は、一四〇四年にティムールが、前年イランで戦死した孫のムハンマド・スルタンのために建てたものである。八角形の基礎の建物の上にシリンダー状の円蓋胴があり、肋骨状《ろっこつじょう》の凹凸がついた大きな円屋根をいただく。円蓋胴は青下の建物は大理石のパネルが張られている。円蓋胴は青色・空色・白色のタイルでおおわれ、円屋根は緑を帯びた青色で美しい。内部はひじょうに豪華につくられている。壁の下部は半透明のシマメノウのパネルでおおわれ、その上は大理石彫刻の蛇腹《じゃばら》があり、さらにその上はアラビア文字模様があった。壁には模様のある大きな鏡板がはめ込まれていたが、その他の部分も、一面に模様がえがかれていた。また大理石の格子が多く使われている。

グーリ・ミールはティムールが愛孫のために建てたものだが、彼もここに葬られ、その後ティムール一族が多数ここに葬られた。建物の地階に墓所がある。そのなかにはウルグベクのものもある。一九四一、四三、四九、五一—五三、五六年にグール・ミールの周辺の発掘がおこなわれ、多くの新しい事実が明らかにされた。たとえば、十八世紀の二〇年代に破壊されたムハンマド・スルタンの学院《メドレセ》の跡が発見された。とくにおもしろいのは、一九四一年の発掘のさい、特別におこなわれたティムール一族の墓の発掘である。発掘にあたったシシュキンは（1）墓は荒らされていない、（2）埋葬されているのは、伝えられているとおりの本人である、（3）イスラムの埋葬法式が守られている、（4）ムハンマド・スルタンとティムールの墓が似ているのは、以前埋葬された所から移したことの間接の証拠であると結論した。また人類学者のゲラシモフがティムールやウルグベクの頭蓋骨によって、彼らの容貌の復元をおこない、さらに遺骨を研究して、ティムールが跛者だったこと、ウルグベクが非業の最期をとげたことは、文献の伝えるとおりであると実証した。

ビビ・ハーヌイム寺院

　ティムールの権勢をあらわすものとして、サマルカンド北部に残るビビ・ハーヌイム寺院の廃墟がある。崩壊した大玄関の大アーチが橋のように三〇メートルほどの上空にかかり、半壊したミナレットがそびえ立ち、人々を圧している。この寺院は一三九九―一四〇四年に建造され、その大きさは発掘によれば、一〇〇メートル×一四〇メートルで中央アジア最大の寺院であるばかりでなく、世界有数の大寺院である。ビビ・ハーヌイムは二つの小寺院、入口の大アーチおよび大寺院からなり、長方形をなし、四隅にミナレットが立っていた。中庭は五〇〇〇平方メートルで、深いアーチをいただく列柱にかこまれていた。この中央アジア最大の寺院は崩壊して一部分しか残っていない。西北側に半壊のミナレットが立っている。東側に、高さ三三・一五メートルの大玄関があり、それにたいして大寺院があり、現在の高さは三六・五メートル、半壊した円屋根（直径約二〇メートル）が残っている。南側と北側には円屋根のある小寺院がむかいあっている。

この寺院は、ティムールの寵姫《ちょうき》ビビ・ハーヌイムが建てたという伝説があるが、じつはティムールが晩年に建てたものである。

ウルグベクの悲劇

一四〇五年にティムールが死ぬと、その跡を継いだのはティムールの末子シャールフで彼は首都をアフガニスタンのヘラトに移し、アム・ダリア川のかなた、いわゆるマワランナフルの地は、その子ウルグベクの支配に委ねられた。ウルグベクは一四〇九年から死にいたるまで、サマルカンドを都として、マワランナフルを統治した。ウルグベクがマワランナフルの主となったのは、わずか一五歳のときで、実権は後見人の手にあったが、二年後に独立する。首都はヘラトに移ったものの、なおサマルカンドはティムール王朝の首都としての面目をたもっていた。ウルグベクは、ティムールにならって首都を大建築物で飾ることにつとめ、ビビ・ハーヌイム寺院、グーリ・ミール、シャーヒ・ジンダなども、彼の手によって完

ウルグベクの天文台のおおいと内部

成された。ウルグベクは、政治家・将軍としてよりも、むしろ学者で、とくに天文学に通じ、彼の宮廷には、学者や芸術家があつまり、ウルグベク時代のサマルカンドは文化的な雰囲気につつまれていた。

現在、サマルカンドを象徴する名所になっているのが、レギスタンの広場である。ここには広場をかこんで正面にティリャ・カリ、むかって右にシェルドル、左にウルグベクの三つのメドレセの建物が立っている。メドレセというのは、イスラム教の宗教大学とでもいうべきものである。シェルドルとティリャ・カリの二メドレセは、ともに十七世紀の建築であるが、レギスタンが大きな建物で飾られるはじめをつくったのは、ウルグベクである。

モンゴルの征服以前、今のアフラシアブ都城址が中世のサマルカンドとして栄えていたころ、その西南方に新しく商工業の中心が生まれつつあった。そこは東南から西北に流れる運河の砂が堆積した砂地であった（ここからレギスタン——砂の土地——という名がおこった）。アフラシアブから現在のサマルカンドが移ったのち、ここは商工業の中心としていっそうの発展をとげ、市場や隊商宿がつくられ、サマルカンドの都市生活の中心になる。

ウルグベクは、レギスタンにいくつかの建物をつくり、この広場は種々の行事がおこなわれる町の重要な広場となる。ウルグベクの建てた建築物のうち、ここに残っているのは、メドレセだけである。ウルグベクはサマルカンドのほかに、ブハラとグジュワンにメドレセをつくっている。メドレセはウルグベク以前にも、多くの支配者がつくっているが、ウルグベクは新しい大きな理想のもとに、これをつくった。ブハラのメドレセの扉に「知識への努力は、すべてのイスラム男女の義務である」と書かれており、五〇〇年以上も昔、女性も知識を求むべきことを説いているのは特筆される。もちろん、ここでいう知識とは、イスラム神学が中心であろうが、ウルグベクの教養からして、天文学・数学・哲学などの学問も重要視されたことは否定できない。サマルカンドのウルグベクのメドレセは、一四一七年に工事がはじまり、一四二〇年に完成した。建物のプランは八一メートル×五六メートルで、中央は中庭になり、四方を二階建ての建物がかこんでいた。建物の大部分は、学生のための五〇ほどの小部屋（僧房《フジュラ》）と四つの講堂からなっていた。建物の四隅には大きな円屋根とミナレットが立っていた。とくに目を見はらせるのは、正面の大玄関で、建物の三分の二を占め、幅一六・五メートルの大アーチがあった。このメドレセは十八世紀二〇年代の騒乱時代に大部分破壊され、いまは三本のミナレット、正面玄関のほかはほとんど残っていないが、なお往時の威容をうかがうことができる。ウルグベクがここで天文学の講義をしたという確かな史料は残っていないが、彼が講義をしたという伝説は広くおこなわれている。このメドレセでは、当時のプラトンと称せられた天文学者カジ＝ザデ・ルミーの講義がおこなわれた（さきに述べたように、ウルグベクはシャーヒ・ジンダに彼の廟を建てている）。

ウルグベクの名を世界の文化史において不朽ならしめたのは、彼の天文台と天文学上の業績である。

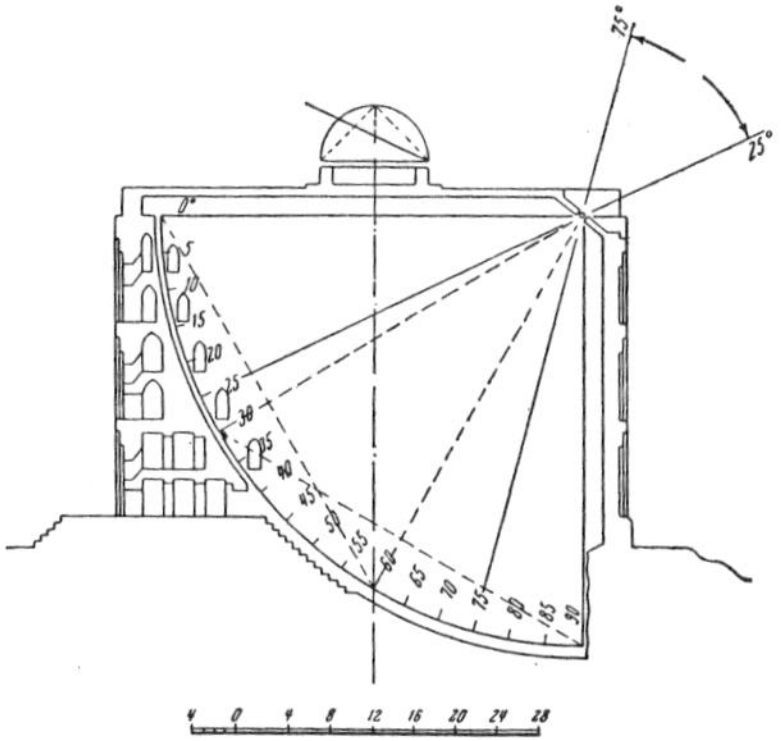

ウルグベク天文台復元図　南北の断面

ウルグベクの天文台は、彼がつくった恒星表とともに世界に知られ、十七、十八世紀の文献にも記されている。しかし、この天文台はウルグベクの死後まもなく荒廃に帰し、その位置も遺跡も不明になっていた。ところが、一九〇八年にサマルカンドの考古学者、ヴャトキンが十七世紀半ばの古文書を調べているとき、偶然その位置が発見された。天文台はアフラシアブ都城址の北、アビ・ラフマトという用水路のそばのチユパン・アタの丘の上にあった。この丘は高さ約二一メートル、頂上の広さは東西約八五メートル、南北約一七〇メートルあった。ヴャトキンはここの発掘をおこない、北から南に一直線に延びた溝《みぞ》を発掘した。この溝は幅約二メートル、北から南へしだいにゆるやかに深くなり、南端は約一一メートルの深さになっていた。溝の両側は煉瓦でたたまれ、七〇・二センチメートルごとに目盛りがつけられている。これは、この天文台につくられた六分儀《セクスタント》の下半部で、五七度の目盛りから下のほうが残っていた。南のいちばん深い部分は九〇度のところである。ウルグベクの天文台、大きな六分儀については、早くから知られ、ある書物にはその高さはコンスタンチノープルのセント・ソフィア寺院の高さ（約五〇メートル）とおなじであると記されている。一九一五年に、この溝（セクスタントの跡）の上に、保護のため穹窿《きゅうりゅう》のながい屋根がつくられた。

その後、数回にわたる発掘がおこなわれ、近くは一九四一年にマッソン、一九四八年にシシュキンの発掘があり、しだいに天文台の建物の構造も明らかになってきた。この建物は直径約五〇メートルの円筒形で、高さは約四〇メートルあり、当時最大の天文台であった。その建造の年代は明らかでないが、一四二八—二九年に完成したらしい。

この天文台におけるウルグベク以下、多くのすぐれた天文学者の長年にわたる観測にもとづいてウルグベクの『新天体表』がつくられた。この表には一〇一八の星の位置が記され、当時としてはきわめて正確であった。この表はラテン語に翻訳され、ヨーロッパでもおこなわれた。天文学者ラプラスは、ウルグベクを史上最大の天文観測者とよんでいる。

一四四七年、シャールフが死ぬと、ティムール王朝の相続争いがおこり、そのうちに、ウルグベクとその子、アブダル＝リャティフのあいだが不和になった。この機に乗じたのが、日ごろからウルグベクの進歩的傾向に不満であったサマルカンドのイスラム僧侶階級で、彼らはアブダル＝リャティフを利用した。アブダル＝リャティフは暗殺者を送り、わが父親を殺した。一四四九年十月二十七日、暗殺者の長刀一閃、ウルグベクの首は地に落ちた。時に齢五十六。

一九四一年にグーリ・ミールのティムール一族の墓が発掘されたとき、ウルグベクの顎と首の骨にはっきり刀痕が見られ、また彼は着衣のまま葬られていた。イスラムの葬法ではふつうの死者は経帷子《きょうかたびら》が着せられるが、不慮の死をとげたものは、そのまま葬ることになっている。

ウルグベク肖像　頭蓋骨による容貌

その後の中央アジアの歴史と文化は、ここではふれない。だいたい、封建的混乱と文化の衰退がつづき、ついに帝政ロシアの植民地となり、中央アジアの住民は帝政ロシアの資本主義的搾取と原地封建領主の封建的圧迫の二重の苦しみにあえいでいた。中央アジアの住民が解放されたのは、ソヴェート政権成立以後である。現在、中央アジアの五つの共和国——カザフ、ウズベク、キルギス、タジク、トルクメン——は社会主義社会をつくり、新しい発展の道をたどっている。中央アジアのどこにおいても新しい大建設がおこなわれていると同時に、古い文化財の保存はひじょうによくゆきとどいている。古く、かつ新しい国、それが現代の中央アジアである。

あとがき

　本書は主として考古学的史料、いわゆる物質文化史史料によって、原始農耕文化の発生からティムール、ウルグベク時代（十五世紀）までのソ連邦中央アジア――西トルキスタン――の歴史的・文化的発展をあとづけようとしたものである。

　これまでわが国では、文献史料による中央アジアの研究はさかんにおこなわれてきたが、考古学的史料はほとんど利用されていない――もっとも、本家のソ連邦においても、中央アジアの考古学的研究は比較的最近はじまったばかりであるが。本書に見られるとおり、中央アジアにおけるソヴェート考古学の成果はまことにめざましく、続々新しい事実が発見され、今ではこれらの成果を無視して中央アジア史を語ることはできない。筆者は終戦以来もっぱらこの方面に関心をよせ、ソヴェートの考古学書をあさってきた。去る一九六〇年、多くの方々の努力によって東京大学東洋文化研究所とソ連邦科学アカデミアとのあいだで研究者の交換がおこなわれ、幸い筆者はソ連邦を訪れ、中央アジアの地をふみ、多くの遺物・遺跡に接し、多くの専門の学者と語ることができたのは、大きな喜びであるとともに、はかり知れぬ収穫であった。

本書の意図したところは、右のとおりであるが、入手し得る資料、本書の性質、筆者の能力および関心などから、重要な問題のすべてを取りあげることはできなかった。しかし、いちおう所期の目的を達することはできたと信じる。もちろん、思わざる誤謬も少なくないかもしれないので、博雅の君子のご教示をせつにお願いする。

中央アジア史の研究において、絶対に見のがすことができないのは、ソ連科学アカデミア民族学研究所所長トルストフ教授の指揮のもとに一九三七年以来連年おこなわれているホラズム地方の考古学的・民族学的調査である。ホラズム調査は中央アジア研究にとって、画期的意義をもつもので、中央アジア史研究は、この調査隊の活動によって新しい段階にはいったといえる。厖大な考古学的史料にもとづくトルストフ教授の研究は、ソヴェート中央アジア史家の道標となり、ホラズム調査隊の発足のころからさかんになった中央アジアの他の諸地方の調査は、ホラズムの調査とかれこれあいおぎない中央アジアの歴史を具体的な遺物・遺跡によって新たに解明している（ホラズムについては、『砂漠に埋もれた王国――古代ホラズム』と題する一書を近く公けにする予定なので、本書ではこの地方については直接触れなかった。読者諸氏のご諒承をこうとともに、同書を参看されんことを希望する）。

つぎに本書に利用した文献の主要なものを掲げる（雑誌などの論文は省いた）。

Альбаум, Л. И., Балалык-тепе. К истоии материальной культуры и искусства Тохаристана, Ташкент, 1960.（エル・イ・アリバウム『バラルイク・テペ』、タシュケント、一九六〇年）

Арциховский, А. В., Основы археологии, 2-е изд., М., 1955.（ア・ヴェ・アルツィホフスキイ『考古学の基礎』、第二版、モスクワ、一九五五年）

Бернштам, А. Н., Чуйская долина, МИА, т. 14, 1950.（ア・エヌ・ベルンシュタム『チュー川河谷』、考古学の資料と研究、第一四巻、一九五〇年）

〃 Историко-археологические очерки центрального Тянь-Шаня и Памиро-Алая, МИА, т. 26, 1952.（同『天山およびパミール・アライの歴史考古学的研究』、同、第二六巻、一九五二年）

Гафуров, Б. Г., История таджикского народа, 3-е изд., М., 1955.（べ・ゲ・ガフロフ『タジク民族史』、第三版、モスクワ、一九五五年）

Заднепровский, Ю. А., Древнеземледельческая культура Ферганы, МИА, т. 118, 1962.（ユ・ア・ザドネプロフスキイ『フェルガナの古代農耕文化』、考古学の資料と研究、第一一八巻、一九六二年）

〃 Археологические памятники южных районов Ошской области, Фрунзе, 1960.（同『オシュ州南部地区の考古学的記念物』、フルンゼ、一九六〇年）

История Казахской ССР, т. I, Алма-Ата, 1957.（『カザフ共和国史』、第一巻、アルマ・アタ、一九五七年）

История Туркменской ССР, т. I, Ашхабад, 1957.（『トルクメン共和国史』、第一巻、アシュハバード、一九五七年）

История Узбекской ССР, т. I, Ташкент, 1955.（『ウズベク共和国史』、第一巻、タシュケント、一九五五年）

Кары-Ниязов, Т. Н., Астрономическая школа Улугбека, М., 1950.（テ・エヌ・カルイ＝ニヤゾフ『ウルグベクの天文学派』、モスクワ、一九五〇年）

Массон, В. М., Древнеземледельческая культура Маргианы, МИА, т. 73, 1959.（ヴェ・エム・マッソン『マルギアナの古代農耕文化』、考古学の資料と研究、第七三巻、一九五九年）

Монгайт, А. Л., Археология в СССР, М., 1955.（ア・エル・モンガイト『ソ連邦の考古学』、モスクワ、一九五五年）

По следам древних культур. От Волги до Тихого океана, М., 1955.（『古代文化のあとをたどって。ヴォルガ川から太平洋まで』、モスクワ、一九五五年）

Народы Средней Азии и Казахстана, I, М., 1962.（『中央アジアおよびカザフスタンの民族』、第一巻、モスクワ、一九六二年）

Очерки истории СССР. Первобытно-общественный строй и древнейшие государства, М., 1956.（『ソ連邦史概説。原始共同体および最古の国家』、モスクワ、一九五六年）

Пугаченкова, Г. А. и Ремпель, Л. И., Выдающиеся памятники архитектуры Узбекистана, Ташкент, 1958.（ゲ・ア・プガチェンコワ、エル・イ・レンペリ『ウズベキスタン建築のすぐれた記念物』、タシュケント、一九五八年）

Скульптура и живопись древнего Пянджикента, М., 1959.（『古代ピャンジケントの彫刻と絵画』、モスクワ、一九五九年）

Труды Согдиско-Таджикской археологической экспедиции, I, МИА, т. 15, 1950.（『ソグド・タジク考古学調査隊紀要』一、考古学の資料と研究、第一五巻、モスクワ、一九五〇年）

Труды Таджикской археологической экспедиции, II, МИА, т. 37, 1953; III, т. 66, 1958.（『タジク考古学調査隊紀要』二、同、第三七巻、一九五三年。同、三、同、第六六巻、一九五八年）

Труды Киргизской археолого-этнографической экспедиции, II, М., 1959.（『キルギス考古学・民

族学調査隊紀要』二、モスクワ、一九五九年）

Труды Южно-Туркменистанской археологической экспедиции, т. I～X, Ашхабад, 1949～60.（『南トルクメニスタン考古学総合調査隊紀要』第一巻～第一〇巻、アシュハバード、一九四九～六〇年）

Сорокин, В. С., Могильник бронзовой эпохи Тасты-Бутак I в Западном Казахстане, МИА, т. 120, 1962.（ヴェ・エス・ソローキン『西カザフスタンの青銅時代古墳タストゥィ・ブタク一号墳』、考古学の資料と研究、第一二〇巻、一九六二年）

Черников, С. С., Восточной Казахстан в эпох бронзы, МИА, т. 88, 1960.（エス・エス・チェルニコフ『青銅時代の東カザフスタン』、考古学の資料と研究、第八八巻、一九六〇年）

本書の挿図は、いちいち典拠を示さなかったが、これらの文献からとったもののほか、筆者の撮影したもの、ソ連科学アカデミア考古学研究所レニングラード支部やエルミタージュ博物館所蔵のものがある。なお考古学研究所所蔵のものについては、同研究所のオクラドニコフ、ザドネプロフスキイ両教授のほか、多くの方のお世話になったことを記し、感謝の意を表する。

西トルキスタン史についてとくに書かれた日本語の書物はほとんどない。一般の中央アジア史にかんするものによって理解するほかはない。最近出版された中央アジア史にかんするもののいくつかを左に掲げておく。

『北方ユーラシア・中央アジア』、世界考古学大系、第九巻（平凡社）
『北アジア・中央アジア』、図説世界文化史大系、第一三巻（角川書店）
『中国Ⅲ・六朝』、世界美術全集、第一四巻（角川書店）
井上靖・岩村忍『西域』（筑摩書房）
林良一『シルクロード』（美術出版社）
長沢和俊『シルクロード』（校倉書房）

またこの新書の深田久弥『シルク・ロード』と長沢和俊『楼蘭王国』（ともに角川新書）は西トルキスタンにかんするものではないが、やはり参考になると思う（なお最近、加藤九祚訳『湖底に消えた都』がこの角川新書に収められたと聞いている）。

余事にわたるが、三年前の今日、筆者は列車でタシュケントからサマルカンドにむかった。列車は西南に進み、見わたすかぎり一面の畑で、すでに取りいれは終わったあとであったが、この辺はかつてガロードナヤ・ステーピ（飢餓の草原）とよばれたところで、ソヴェートになってから灌漑工事がおこなわれ、はじめて耕地となった。古い中央アジア式の泥の農家も見えるが、コルホーズの新しい洋式住宅が目につく。まもなく、シル・ダリアの鉄橋がある。心待ちに待ち構えていたが、アッと言う間に通過してしまい、たいした印象は残らなかったのが残念であった。一〇時間ほどで、夜おそくサマルカンドに到着した。駅頭に老大家のシシュキン教授が出迎えに来ておられたのには恐縮した。本書中にも、しばしば記したが、シシュキン教授は中央アジアの各地で多くの発掘をおこなっている考古学者で、お話によればすでに三〇年以上も中央アジアにおられるとのことだった。ちょうど、アフラシアブの発掘のためサマルカンドに来ておられた。翌日からシシュキン教授のご案内で、サマルカンド博物館を皮切りにサマルカンドとその周辺の見学をはじめた。

中央アジアでは、ロシア人の学者のほか、原地人学者が多数活躍し、研究所の所長など責任的地位は原地人の学者でしめられている。また筆者の見聞したかぎりでは、土木工事などによって遺跡が湮滅《いんめつ》するなどのことはないようである。こんな場合には、調査のほうが優先する。

終わりに本書の筆を擱くにあたり、日ごろいろいろお教えいただいている東京大学東洋文化研究所所長江上波夫教授をはじめ、多くの先輩、友人諸氏ならびに中山正善氏に謝意を表する。また本書の上梓をひきうけてくださった角川書店の方々、とくに同編集部の菊地貞雄氏にお礼申しあげる。

一九六三年九月二十九日

筆　者

中央アジア略年表

一般事項

紀元前

九—八世紀　ステップ地帯の住民遊牧経済にうつる

七—六世紀　農耕地帯における国家の萌芽

五三九—三三一　アケメネス朝ペルシアの中央アジア支配

考古学的事項

紀元前

五千年紀　コペト・ダグ北麓に農耕文化おこる

四—三千年紀　ケルテミナル文化（ホラズム）

四—二千年紀　アナウI—III文化、ナマズガVI文化

二千年紀　アンドロノヴォ文化

二千年紀後半　コペト・ダグ北麓農耕文化衰える

二千年紀　チュスト文化（フェルガナ）

二千年紀末—一千年紀前半　マルギアナ、バクトリア、ソグド、ホラズムなどに大規模な灌漑組織生まる

一千年紀前半　アルヴァンとアイルイマチ・タウの岩壁画

六—四世紀　鉄の使用はじまる

五二二	マルギアナ、パルティアの叛乱、翌年鎮圧さる
三三四	アレクサンドロスの東方遠征はじまる
三二九—三二七	アレクサンドロスの中央アジア征服
三二三	アレクサンドロス死す
三一二	セレウコス王朝の中央アジア支配
三世紀半ば	バクトリア王国、セレウコス王朝から独立
三世紀半ば	パルティア帝国はじまる
二世紀半ば	月氏バクトリアにはいる、バクトリア王国滅ぶ
一三九	張騫西域にむかう
一〇四—一〇一	漢の大宛遠征
紀元後	
一—四世紀	クシャン帝国
七八—一二三	カニシカ王
二二四	パルティア滅び、ササン朝ペルシアおこる
五—六世紀	エフタルの中央アジア支配
五—六世紀	ソグド人のセミレチエ植民

五一九	ベヒストゥン碑文
四—二世紀	オクサス遺宝
三—二世紀	ニサの方形広間・円形神殿
二世紀	弐師城
紀元後	
一世紀	アイルタムの石像
五—七世紀	バラルイク・テペ
五—一〇世紀	アク・ベシム

五五〇	突厥おこる
六世紀半ば	突厥の中央アジア支配はじまる
六世紀八〇年代	突厥東西に分裂す
六四二	アラビア人ササン朝を滅ぼす
六五一	アラビア人のメルヴ占領
六七四	アラビア人マワランナフルにはいる
七五一	タラスの戦い
八七四—九九九	サーマーン朝国家
一二二〇	モンゴルのブハラ、サマルカンド占領
一二二一	モンゴルのメルヴ占領
一三七〇	ティムールおこる
一三九四	ウルグベク生まる
一四〇五	ティムール死す

六—七世紀	オスアリ
六—八世紀	ヴァラフシャ
六—八世紀	ピャンジケント
七—八世紀	ムーグ山城
八九二—九〇七	イスマイール廟
一一二七	カリャン寺院のミナレット
一二世紀	マゴキ・アッタリ廟
一四—一五世紀	シャーヒ・ジンダ霊廟群　最古のものは一三三四—三五
一三九九—一四〇四	ビビ・ハーヌイム寺院の建立
一四〇四	グーリ・ミールの建立はじまる

一四〇九　シャールフ、ティムール王朝を継ぐ

一四〇九　ウルグベクのサマルカンド支配はじまる

一四四七　シャールフ死す

一四四九　ウルグベク殺害さる

一四一七―二〇　ウルグベクのメドレセ（サマルカンド）の建立

一四二八―二九　ウルグベクの天文台完成す

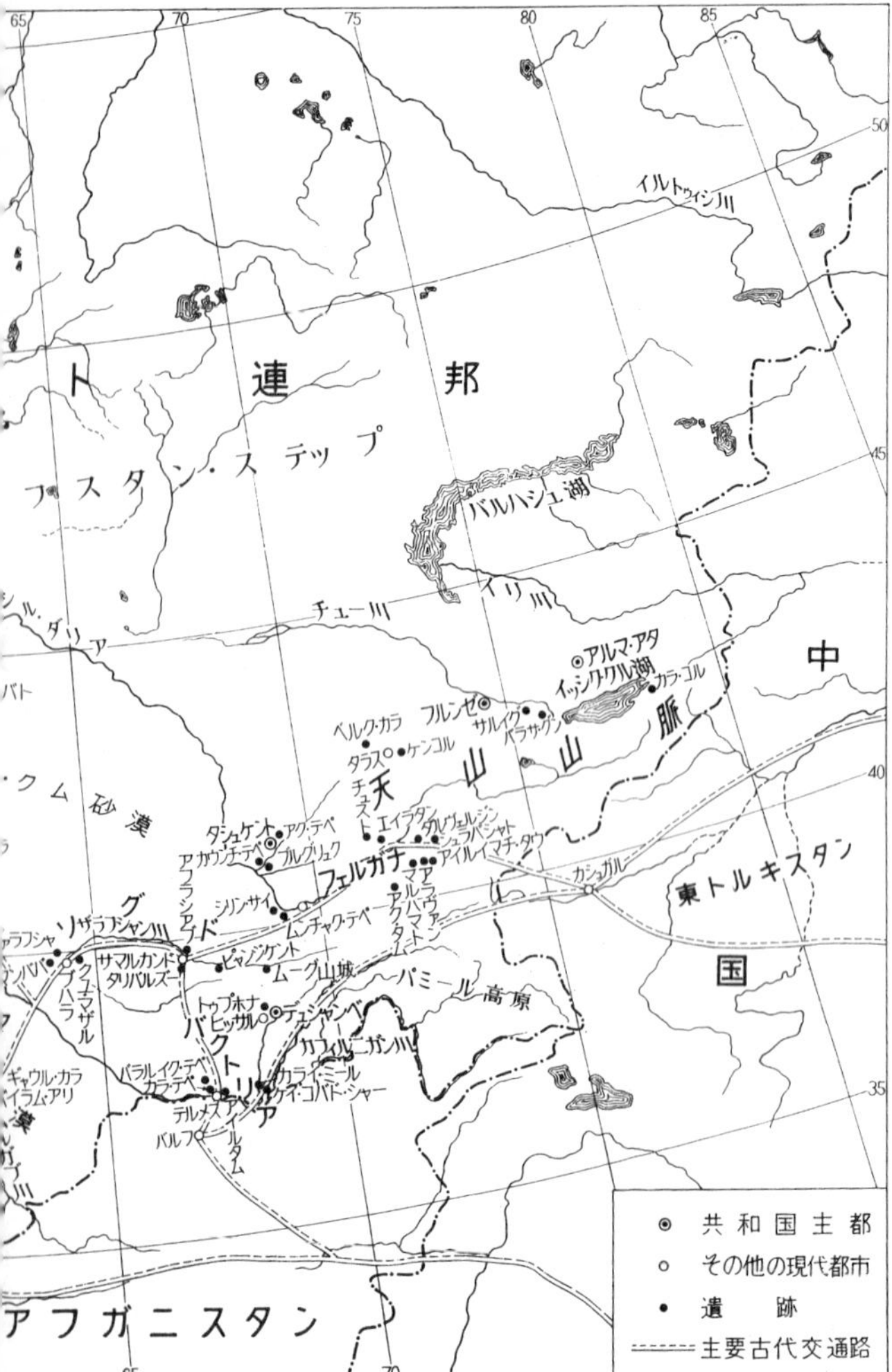
ト　連　邦
フスタン・ステップ
イルトゥィシ川
バルハシュ湖
イリ川
チュー川
シル・ダリア
アルマ・アタ
イッシク・クル湖
カラ・コル
中
国
天山山脈
フルンゼ
サルイグ
バラサグン
ベルク・カラ
タラス
ケンコル
チュスト
エイラタン
ダルヴェルジン
シュラバシャト
アイルイマチ・タウ
タシュケント
アク・テペ
アカウンチ・テペ
ブルグリュク
フェルガナ
マルハマト
アフラシアブ
アクタム
アラヴァン
シリン・サイ
ムンチャク・テペ
カシュガル
東トルキスタン
ソグド
ザラフシャン川
ヴァラフシャ
ブハラ
クユマザル
サマルカンド
タリバルズー
ピャンジケント
ムーグ山城
パミール高原
トゥプホナ
ヒッサル
デュシャンベ
バクトリア
カフィルニガン川
カライ・ミール
ケイ・コバド・シャー
バラルイク・テペ
カラ・テペ
テルメズ
アイルタム
バルフ
ギャウル・カラ
イラム・アリ
クム砂漠
アフガニスタン
共和国主都
その他の現代都市
遺跡
主要古代交通路

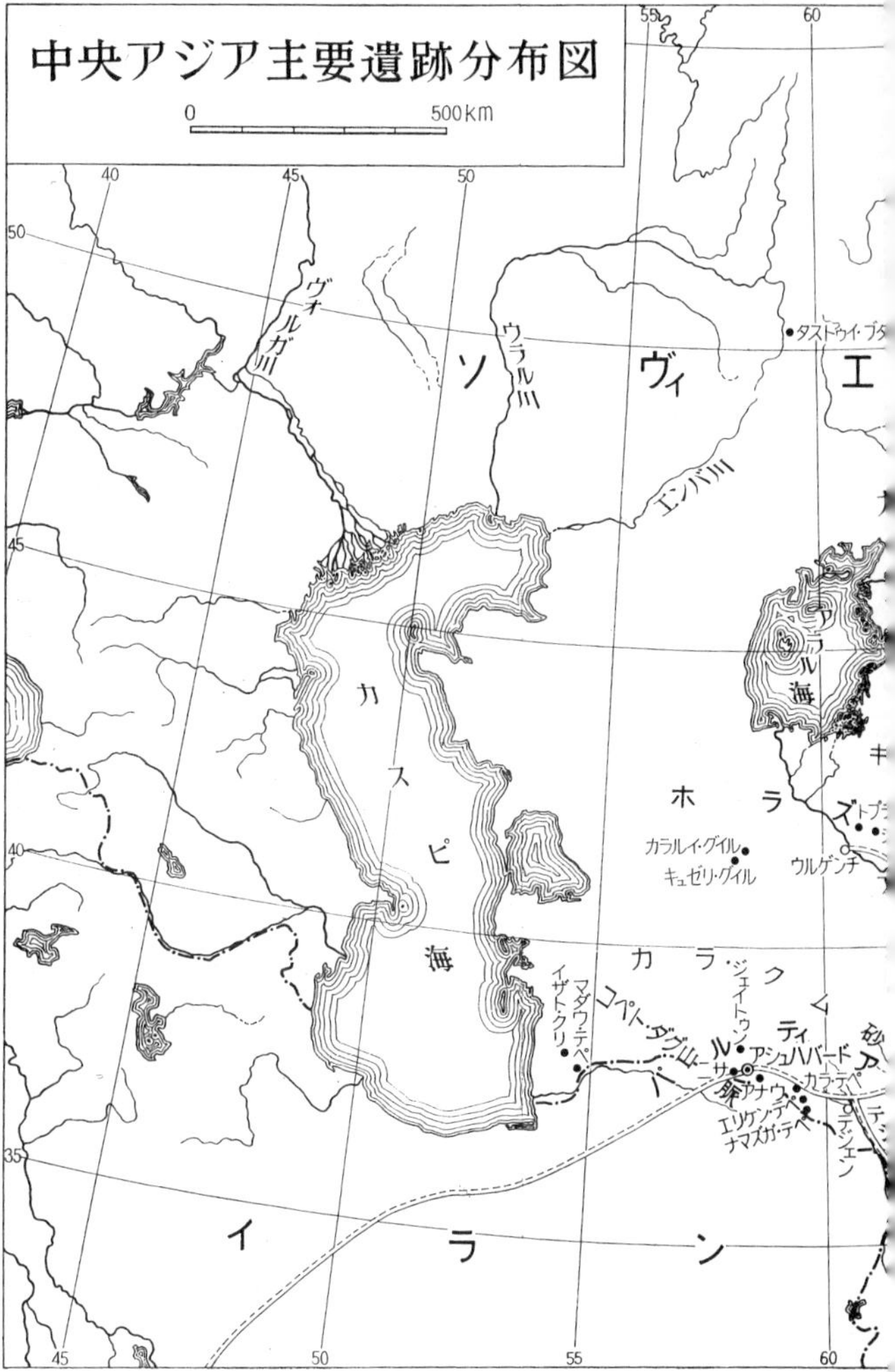

中央アジア主要遺跡分布図

学調査隊調査区域

中部カザフスタン調査隊　1946年以来
東カザフスタン調査隊　1954年以来
西カザフスタン調査隊　1955年以来

主要中央アジア

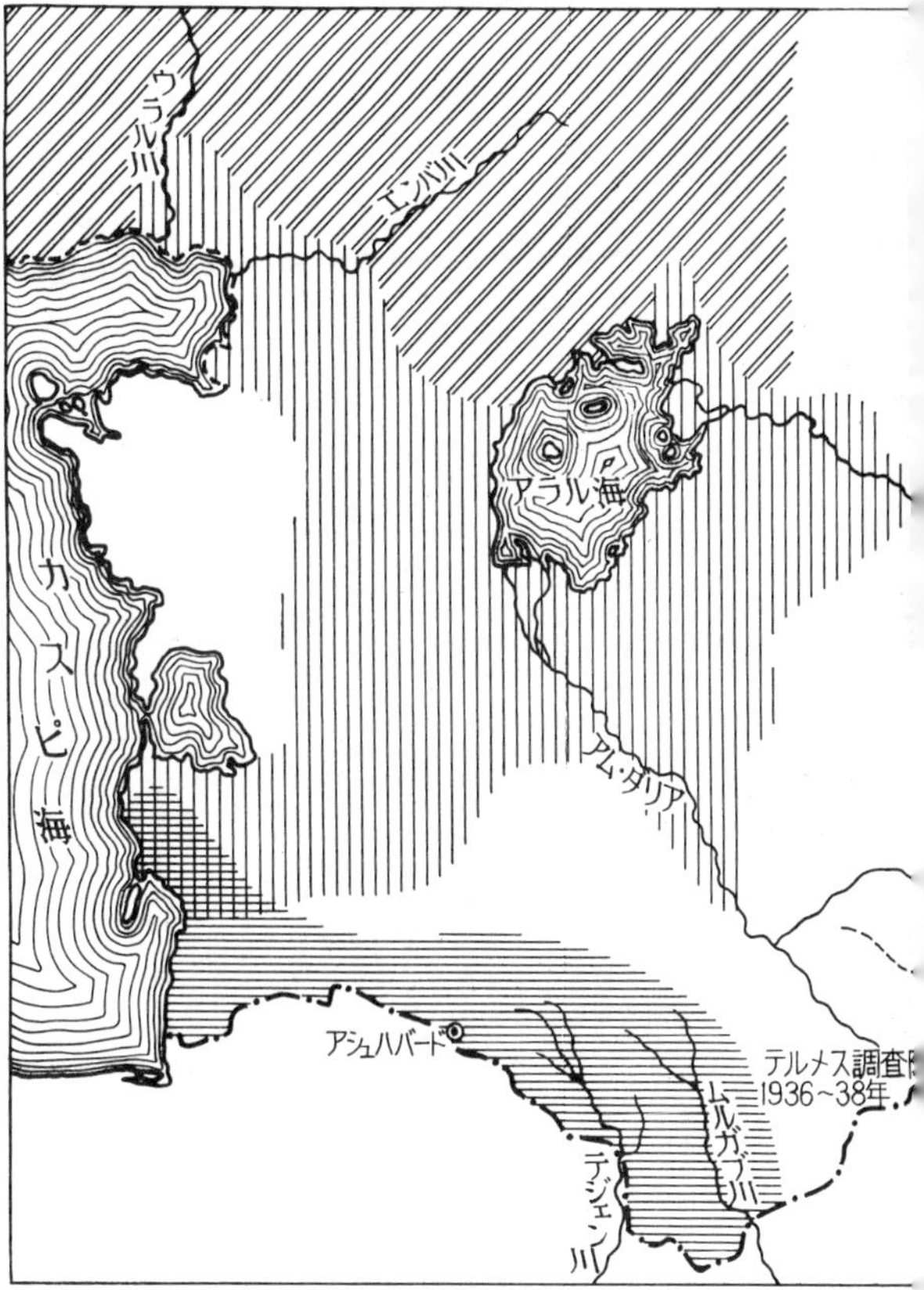

セミレチエ調査隊 1938～41年および1956年以来
ホラズム 調査隊 1937年以来
南トルクメニスタン調査隊 1946年以来
ソグド・タジク調査隊 1946年以来

解説　西トルキスタン考古学の貴重な一書

林　俊雄

中央アジアやシルクロードの歴史と文化を扱った概説書、ガイドブックは数多く出版されているが、その多くは現中国領のいわゆる東トルキスタンを叙述の中心としている。それに対して、旧ソ連領の西トルキスタンの歴史、それも考古学資料を中心に叙述したものとなるときわめて少ない。本書は、いまでも類書のほとんどないこの分野の貴重な一書である。

半世紀以上も前の概説書に価値があるのかと問われるかもしれないが、その心配はご無用。考古学資料は何年たっても色あせることがない。新たな資料が、それにどんどん付け加わってゆくだけである。新資料の出現によって、それまでに組み立てられていた理論や説が覆されることはあるかもしれないが、古い資料そのものが否定されるわけではない。むしろ新資料と比較する対象になるという意味で、旧資料は重要さを増してくるのである。それが考古学の特徴なのである。

全体として見ると、本書はソ連の考古学調査団の成果を新石器時代から中世に至るまで簡潔に紹介することを縦軸とし、それに文献史料から得られた知見と香山先生自身の見聞（原本の「あとがき」によれば、一九六〇年に現地中央アジアを歴訪）とを織り交ぜた構成となっている。

本書著述の目的は、序章に当たる「失われた文化を求めて」に明確に記されている。要約すれば、中央アジア史の研究は、王朝の交替や文化交流のみが強調され、中央アジア独自の文化と歴史が無視されていたきらいがあるが、その状況を打開するためには考古学的研究の成果を取り込む必要がある、ということになる。

ソ連領の中央アジア各地では、第二次大戦後から活発に考古学調査が行われるようになった。その目的は、究極的にはソ連の掲げていた唯物史観に基づいて段階的に発展してきた歴史を中央アジアにも当てはめようとするものであった。そのことを反映して、本書中にも唯物史観に特有の表現がときどき見られる。

しかし考古学資料を素直に読み込めば、歴史が発展しながら進んできたことは明らかであり、表現はともかく、その方向性は間違っていない。むしろ社会主義を捨て去った現在の中央アジア各共和国の方が、歴史研究を偏った方向に導くのではないかという心配もある。社会主義のもとでそれなりに抑えられていた宗教活動と個人崇拝、民族主義が頭をもたげつつあるからだ。

ただし考古学調査の面に限って言えば、その不安は杞憂のようにも思える。社会主義時代には西側の研究者が入って発掘をすることは不可能であったが、各共和国が独立してからは西側の調査団を積極的に受け入れており、日本の調査団も複数が活動している。それらはすべて現地の考古学者との共同調査であり、両者が互恵的に影響を与えあうのではないかと期待されている。

原本刊行当時との状況の変化について、付け加えておきたいことがある。ロシアは長いあいだ（十三―十五世紀）モンゴルの支配下にあった。その支配は「圧制」ととらえられ、そのおもとであったチンギス・カンは悪の権化とみなされてきた。また社会主義下では、人民を抑圧する専制君主は打倒すべき対象であった。それらが両々あいまって、チンギス・カンとモンゴル支配は、口汚くののしられてきた。本書にもその傾向が垣間見られる。しかしソ連解体後はモンゴル支配も冷静に論じられるようになってきている。

現地語の表記についても、一言付け加えておきたい。社会主義体制の崩壊後（一部はもっと前から）、地名表記が大幅に変更された。本書に登場する地名で変更されたものを、以下にまとめた。

本書に登場する地名で、原本刊行当時から変更された表記の一覧（五十音順）

アシュハバード↓アシガバートまたはアシガバット
アルマ・アタ↓アルマトイ（正確にはアルマトゥ、後述）
ウズベク共和国↓ウズベキスタン共和国

カザフ共和国↓カザフスタン共和国
タジク共和国↓タジキスタン共和国
トルクメニア↓トルクメニスタン
トルクメン共和国↓トルクメニスタン共和国
フルンゼ↓ビシュケク
ミコヤナバード↓シャフリトゥズ
レニナバード↓ホジェンド
レニングラード↓サンクト・ペテルブルグ

またロシア語的な発音から、現地語特有の発音に変わったものもある。例えばカザフスタンの旧首都アルマ・アタＡлма‐Атаは、Алматы（意味は「リンゴのある」）と変更された。語尾のтыは、ロシア語として見ればトゥイあるいはトイと表記するのが普通である。そこで日本のマスコミはアルマトイと表記する。しかしカザフ語としては、тыはトゥという発音に近い。したがってアルマトゥと表記するのが原音に最も近い。カザフ語だけでなく、他のテュルク系言語にも同じことが言える。

本書に登場する遺跡名を例に挙げよう。バラルイク・テペБалалык‐тепеはバラルク・テペと表記するのが原音に最も近い。カラルイ・グイルはカラル・グル、などなど。

次に、本書の内容について、補足すべき点を章ごとに列挙しよう。

*

「失われた文化を求めて」の章

一一、一九頁。中国の彩文土器は西方起源ではなく、中国独自の産物とする見方がいままでは一般的となっている。

一二頁。製紙技術はタラス河畔の戦いよりも少し前に中央アジアに伝わっていたとする説が有力となりつつある。

「農耕と牧畜のはじまり」の章

二〇頁。遺跡の丘を指す用語テペ（デペ、テパ、タペとも）はトルコ（テュルク）系の言語地域でもよく使われるが、もともとはペルシア語。

二三頁。チャクマダシュ・ベイクはチャクマクダシュ・ベイクが正しい。後述するように、チャクマクは火打ち石（フリント）のこと。

二四—二五頁。ジェイトゥン遺跡では一九八七年から一九九四年まで再調査が行われた。最新の炭素年代による編年では、ジェイトゥン文化の初期は前六二〇〇／六一〇〇—五七〇〇〇年、中期は前五七〇〇—五一〇〇年、後期は前五一〇〇—四五〇〇年とされている（いずれも較正年代）。

ジェイトゥン文化の起源については、独自に発生したのか、それともイランかイラクから伝わったのかという議論がある。香山は独自の発生を考えたが、コペト・ダグ山脈をはさんで南西に位置するイラン東北部での発掘により、土器や住居址の類似から、イラン東北部から伝わったことがわかってきた（林俊雄「中央アジアにおける農耕の起源と展開」アジア考古学四学会編『アジアの考古学3：農耕の起源と拡散』高志書院、二〇一七）。

二六頁。炭素14年代測定法の精度が高まるとともに、世界的に考古学年代がより古くなる傾向があるが、中央アジアも例外ではない。アナウ、ナマズガ文化は、各期の順番（相対編年）は変わらないものの、絶対年代はどんどん繰り上がっている。研究者によって若干の相違はあるが、代表的な編年を以下に示す。なおナマズガ文化のあとにヤズ・テペの編年をつなぐ見解が主流となりつつある（Lecomte, O. Ulug-depe : 4000 Years of Evolution between Plain and Desert. *Historical and Cultural Sites of Turkmenistan.* Ashgabat : Turkmen State Publishing Service, 2011)。

原銅石器時代	アナウ	ⅠA	前五二〇〇—四八〇〇年
初期銅石器時代	ナマズガ	Ⅰ	前四八〇〇—四〇〇〇年
中期銅石器時代	ナマズガ	Ⅱ	前四〇〇〇—三五〇〇年

後期銅石器時代　ナマズガ　Ⅲ　前三五〇〇―三〇〇〇年
初期青銅器時代　ナマズガ　Ⅳ　前三〇〇〇―二五〇〇年
中期青銅器時代　ナマズガ　Ⅴ　前二五〇〇―二二〇〇年
後期青銅器時代　ナマズガ　Ⅵ　前二二〇〇―一五〇〇年
初期鉄器時代　ヤズ　Ⅰ　前一五〇〇―一一〇〇年
先アケメネス期とアケメネス期　ヤズ　Ⅱ―Ⅲ　前一一〇〇―三二九年

二七頁。燧石器とは、火打ち石（英語でフリント、テュルク系言語でチャクマク）で作られた石器のこと。フリントはガラス質で割れ口のエッジが鋭いため、石器の石材として広く利用される。そのため先史時代の遺跡にはしばしばフリントの石器やその断片、加工の際にできたくずなどが散乱しており、チャクマクとかそれから転訛したチャハマクという名を冠した遺跡がいくつかある。

三一頁。ケルテミナル文化は、最近では以下のように年代づけられている。初期は前六千年紀、中期は前五―四千年紀、後期は前三千年紀中葉―前二千年紀初とされる（Harris, D. R. *Origins of Agriculture in Western Central Asia*. Philadelphia：University of Pennsylvania Museum of Archaeology and Anthropology, 2010）。

三六頁。アンドロノヴォ文化の遺跡・遺物は、近年中国の新疆ウイグル自治区でも発見されている。文化の範囲が極めて広範囲に及んで、その中の地域によってそれぞれ特徴が少しずつ異なるため、いまでは「アンドロノヴォ文化集合（複合）」の名で呼ばれることが多い（荒友里子「青銅器時代の草原文化」草原考古研究会編『ユーラシアの大草原を掘る』（アジア遊学238）勉誠出版、二〇一九）。

四〇頁。外ウラルとは、ヨーロッパないしモスクワから見て外側という意味で、日本ではなじみのない言い方だ。わかりやすく言えば、ウラル東部。

四一―四二頁。ウマはアンドロノヴォ文化の前十五―十三世紀時期にはすでに騎乗あるいは車の牽引用に利用されていたとする見方が有力となっている。

四二頁。木槨墳文化の墓は「墳」というほど大きくないので、木槨墓文化の方が適切。ロシア語のスルブナヤ文化を翻訳したもの。

四二頁。アバシェヴォ文化の年代は、前二五〇〇―一九〇〇年とするのが近年では有力。

四四―四五頁。スキタイなどの初期遊牧民社会にはある程度農業に従事していた住民もいたという指摘は重要で、私もそう考えている。

「パルティア皇帝の宮殿」の章

五〇頁。前六世紀ころソグド、パルティア、マルギアナがバクトリアと文化的、政治的に一体であったという指摘は、現在とくに多くの研究者によって強調され、「バクトリア・マルギアナ文化総合体」という名称が使われている。

五一頁。ヘロドトスはこの戦いでキロス（キュロス）は死んだと記すが、クセノフォンによれば死なずに都へ帰ったという。どちらが正しいか決めることは難しい。

「西域の国々」の章

六六頁ほか。Termez は、テルメスよりもテルメズのほうが適切。

七五頁。饗宴は供献の間違いではないか。

七五頁。「トルクメン人はパルティア人の子孫、ウズベク人は、ソグド人の子孫」という考え方は疑わしい。一部がそうであった可能性はあるが。

七五―七六頁。カニシカ王の在位年代について、現在では一二八―一五一年説が有力。

七七頁。大月氏（トハラ）とあるが、六六頁では大夏をトハリスタンとしていた。これは大いに迷う問題である。

八二―八三頁。マルハマト都城址は、二〇一二年からウズベキスタン・中国合同考古学調査団によって発掘調査されている。

八六頁。敦煌は甘粛省に属し、東トルキスタン（新疆ウイグル自治区）にはぎりぎりで入らない。

「草原の民、高原の民」の章

九〇頁。騎馬遊牧民がいつ誕生したかについてはいろいろな説があるが、遅くみる説だと香山説のように前一千年紀初めである。私もその説に賛同する。

九二頁。「遊牧民や遊牧地帯を、ただ遊牧一色にぬりつぶすのは誤りで、ある程度の定住的生活をそこに考えねばならない」ということは、四四―四五頁にも述べられている。

九五頁。「青銅の鍋」は考古学文献では「鍑《ふく》」と呼ばれ、匈奴の領域でも出土しているが、下部は「脚」ではなく、「圏台」（半円錐形の台）である（草原考古研究会編『鍑の研

ウズベキスタン、フェルガナ盆地東部のマルハマト都城址の城壁。手前は綿花畑。1989年、林俊雄撮影

サカのヤギ像三脚付き青銅鍑。アルマトゥ市近郊で偶然に出土。高さ58cm、口径46〜48cm、前5〜4世紀。アルマトゥ国立博物館蔵。1989年、林俊雄撮影

バルバルとして立てられた石像。モンゴル中北部、オルホン川中流、ホショ・ツァイダム第三遺跡。両手を胸の前で合わせるのは服従の印か。下半身に刻まれたふたつのタムガ（氏族の紋章）のうち、上は突厥の支配支族である阿史那氏のものだが、下は不明。1995年、林俊雄撮影

究』雄山閣、二〇一一年）。

九九―一〇二頁。突厥の墓では一般に方形の石囲いの東（あるいは南東）の外側に右手で杯を持ち左手は剣の柄をおさえた石像（ロシア語の考古学文献ではカーメンナヤ・バーバと呼ばれることがある）が立ち、そこから東（あるいは南東）にただの石の列が伸びる。『隋書』「突厥伝」によれば、墓には死者が生前に殺した敵の数だけ石を立て、その数が千にも達することがあるという。一方、突厥碑文にはしばしば、「（敵の）〇〇をバルバルとして立てた」という記述がある。

以上の考古学的資料と文献的証拠とに基づいて、以下の二つの説が出されて対立している。①突厥の墓に立てられた石像はすべて敵を表しており、碑文の「バルバル」である。②

杯を持った石像は死者自身で、葬儀の酒宴に連なっているのであり、「バルバル」はその前に立っているただの石である。この説の場合、石像を表す言葉は碑文に見られる「ベディズ（絵画、装飾）」とすることがある。

香山は基本的に前者の説に寄りつつも同時に、少数ながら被葬者自身の石像もあるという折衷的な立場をとっている。私は後者の説を支持するが、同時に敵の像も少数ながらあると考えている（林俊雄『ユーラシアの石人』雄山閣、二〇〇五年）。

突厥の可汗クラスの墓廟では、被葬者とその妻の像は大理石に近い質の良い石材で作られ、従者たちの像も入念に写実的に作られているが、そのほかに平面的で作りの粗雑な像も一—二体見られる。バルバルは基本的にはただの縦長の石だが、敵の中でもとくに大将に相当するような人物はすこし人間的な表現にするのではないか、ただし粗雑に。テュルクの石像の専門家、ロシアのヴォイトフも、これらの粗雑な「石像」をバルバルの一種とみなしている。

一〇五頁。突厥文字の起源をアラム文字とする説は、かつては有力だったが、今ではすたれている。似ていないのである。したがって現状では、その起源はわからない、あるいは独自に考案されたものと考えるしかない。

一〇五頁。クラースナヤ・レーチカ遺跡は、イスラーム史料に「ネヴァケト」あるいは「ナヴェカト」（新しい町）と見える都市の遺跡とする見方が有力。この遺跡では早くに塑造の大涅槃仏（推定で長さ一二メートル）が出土していたが、二〇一四―一五年の調査で、大きな坐仏（推定で高さ五メートル）の胸から下だけが出土している。

一一〇頁。アク・ベシムは、二〇一六年から帝京大学シルクロード学術調査団がクルグズ（キルギス）の考古学者と共同で発掘調査を行っている（『帝京大学文化財研究所　研究報告』第一八集、第一九集、二〇一九―二〇年）。

一一五―一一七頁。中央アジアのトルコ（テュルク）化は大きなテーマで研究も多く、人種的特徴よりもとりわけ言語面でのトルコ化が研究対象となっている。トルコ系遊牧民が支配者として入ってきても、かなり長期間にわたってトルコ系とペルシア系の言語が併存しており、いわゆるバイリンガルも多かった。その状況はソ連の支配下になってもそれほど変わらず、一九九一年に中央アジア各国が独立してから一国一言語が定着しつつあるようだ。

「城塞と都市」の章

一三一頁。ピャンジケントの調査は、ベレニツキイのあとマルシャーク、さらにルーリエへと引き継がれている。

「オアシスの夕映え」の章

一四八頁。「マワランナフル」は、「（アム）川の向こう」の意味。

一五一頁。前方アジアとは、ヨーロッパから見て手前にあるアジアという意味。日本では西アジアというのが普通。

一五三頁。アルスラン・ハン・ムハンマドとすべき。カラハン朝のハンの半分近くはアルスラン・ハン・〇〇と名乗っているので。

一五四頁。フルンゼ小公園という名前は、いまは使われていない。近くの大きな池は名をリャビ・ハウズという。

一五六頁。ギレフはギリフが正しい。

一六七頁。ビビ・ハーヌイム（ビビ・ハヌム）はきれいに修復された。

一七一頁。チユパン・アタはチュパン・アタとすべき。

「あとがき」の章

一七九頁。『西カザフスタンの青銅時代古墳タストゥィ・ブタク一号墳』は、『西カザフスタンの青銅時代墓地タストゥ・ブタク第一』とすべき。

「あとがき」の一七六頁に「ホラズムについては、『砂漠に埋もれた王国――古代ホラズム』と題する一書を近く公けにする予定」とあるが、残念ながらこれは実現しなかった。また本書は『砂漠と草原の遺宝』と銘打ちながらも、草原に関する記述が少ない。草原の部分については、『沈黙の世界史6：北ユーラシア　騎馬民族の遺産』（新潮社、一九七〇年）となって結実した。

＊

最後に香山先生の思い出をつづって締めの言葉としたい。

先生は一九五〇―六〇年代に発行されたロシア語の稀覯本をたくさんお持ちだった。一九八〇年代に僕は時々先生のお宅に伺って、それらを見せていただいた。お住まいは東海大学の敷地内にある宿舎で、ごく普通の公団風のアパートだった。うかがうと、すぐに奥様に向かって「ピーヴォ、ピーヴォ」と連呼された。ロシア語で「ビール」のことである。先生はビールが好きだった。まずビールで乾杯し、愛猫ローザの位牌に手を合わせなければ、本を見せていただけなかった。単に見せるだけでなく、気軽に貸していただけたので、いつも何冊か持ち帰って、勤務先でコピーしたものだった。

あるとき、コピー中に小さな紙片がはらりと落ちた。拾い上げて見ると、何と京都の祇園の置屋《おきや》の領収書ではないか。「香山様、玉代〇〇円」と記されている。置屋の領収書をしおり代わりに使うなどという芸当は、僕にはできない。その本を返しに伺って部屋を見回すと、長押《なげし》にずらりと都をどりの団扇《うちわ》が並んで、部屋を一周している。これだけ都をどりの団扇を集めるには、どれだけ投資しなければならないだろう。僕にはとてもそのような芸当はできない。

それらの本は狭い教員宿舎には収まりきらないので、先生は近くに書庫を持っていた。坂の下に酒屋があり、酒屋が倉庫の一部を仕切って、先生の書庫として無料で貸していたのである。これまたよほどビールを購入して酒屋に貢献しなければ実現しない話である。僕にはとてもまねができない。

先生は晩年足腰が弱り、車椅子の生活になってしまった。熊本にある施設に入るという。もう研究生活は続けられないので、蔵書を整理することになった。主要部分は東海大学の図書館におさめた。残りの日本語や中国語、一般の欧米諸語の本は古本屋が引き取ったが、ロシア語の本を引き取る古本屋はまずない。あってもまさに二束三文で、ゴミ同然の扱いしか受けない。そこで我々後輩が、古本屋が引き取るであろう値段で買い取ることにした。何人かで酒屋の倉庫を訪れ、めいめいが欲しい本を買い取り、なにがしかの金額にまとめて、「これが最後ですよ」と言って先生に渡した。先生はその金を持つと、「これが最後だ」と言って、祇園に立ち寄り、消費してしまった。最後まで僕にはまねのできない先生だった。

（東洋文庫研究員・創価大学名誉教授）

マ行

ヤ行

ラ行

タ行

ナ行

ハ行

サ行

索引

ア行

カ行

KODANSHA

本書の原本は、一九六三年に角川書店より刊行されました。

香山陽坪（かやま　ようへい）

1915年生まれ。京城帝国大学法文学部史学科を卒業後，東京大学大学院に学ぶ。主に旧ソ連中央アジアの古代史を専門とし，1960年に日ソ交換研究者として初めてソ連を訪れ，中央アジアの各地を歴訪。東海大学文学部教授を務め，2005年没。著書に『沈黙の世界史６北ユーラシア　騎馬民族の遺産』『ブルガリア 歴史の旅』ほか。

講談社学術文庫

砂漠《さばく》と草原《そうげん》の遺宝《いほう》

中央《ちゅうおう》アジアの文化《ぶんか》と歴史《れきし》

香山陽坪《かやまようへい》

2021年12月７日　第１刷発行
2022年１月14日　第２刷発行

発行者　鈴木章一
発行所　株式会社講談社
東京都文京区音羽 2-12-21 〒112-8001
電話　編集（03）5395-3512
販売（03）5395-4415
業務（03）5395-3615
装　幀　蟹江征治
印　刷　豊国印刷株式会社
製　本　株式会社国宝社
本文データ制作　講談社デジタル製作

ISBN978-4-06-526442-3

「講談社学術文庫」の刊行に当たって

これは、学術をポケットに入れることをモットーとして生まれた文庫である。学術は少年の心を養い、成年の心を満たす。その学術がポケットにはいる形で、万人のものになることは、生涯教育をうたう現代の理想である。

こうした考え方は、学術を巨大な城のように見る世間の常識に反するかもしれない。また、一部の人たちからは、学術の権威をおとすものと非難されるかもしれない。しかし、それはいずれも学術の新しい在り方を解しないものといわざるをえない。

学術は、まず魔術への挑戦から始まった。やがて、いわゆる常識をつぎつぎに改めていった。学術の権威は、幾百年、幾千年にわたる、苦しい戦いの成果である。こうしてきずきあげられた城が、一見して近づきがたいものにうつるのは、そのためである。しかし、学術の権威を、その形の上だけで判断してはならない。その生成のあとをかえりみれば、その根は常に人々の生活の中にあった。学術が大きな力たりうるのはそのためであって、生活をはなれた学術は、どこにもない。

開かれた社会といわれる現代にとって、これはまったく自明である。生活と学術との間に、もし距離があるとすれば、何をおいてもこれを埋めねばならない。もしこの距離が形の上の迷信からきているとすれば、その迷信をうち破らねばならぬ。

学術文庫は、内外の迷信を打破し、学術のために新しい天地をひらく意図をもって生まれた。文庫という小さい形と、学術という壮大な城とが、完全に両立するためには、なおいくらかの時を必要とするであろう。しかし、学術をポケットにした社会が、人間の生活にとってより豊かな社会であることは、たしかである。そうした社会の実現のために、文庫の世界に新しいジャンルを加えることができれば幸いである。

一九七六年六月

野間省一

外国の歴史・地理

十二世紀ルネサンス
伊東俊太郎著(解説・三浦伸夫)

中世の真っ只中、閉ざされた一文化圏であったヨーロッパが突如として「離陸」を開始する十二世紀。多くの書がラテン訳され充実する知的基盤。先進的アラビアに接し文明形態を一新していく歴史の動態を探る。

1780

紫禁城の栄光　明・清全史
岡田英弘・神田信夫・松村　潤著

十四～十九世紀、東アジアに君臨した二つの帝国。遊牧帝国と農耕帝国の合体が生んだ巨大な多民族国家・中国。政治改革、広範な交易網、度重なる戦争……。シナが中国へと発展する四百五十年の歴史を活写する。

1784

文明の十字路＝中央アジアの歴史
岩村　忍著

ヨーロッパ、インド、中国、中東の文明圏の間に生きた中央アジアの民。東から絹を西から黄金を運んだシルクロード。世界の屋根に分断されたトルキスタン。草原の民とオアシスの民がくり広げた壮大な歴史とは？

1803

生き残った帝国ビザンティン
井上浩一著

興亡を繰り返すヨーロッパとアジアの境界、「文明の十字路」にあって、なぜ一千年以上も存続しえたか。皇帝・貴族・知識人は変化にどう対応したか。ローマ皇帝の改宗から帝都陥落まで「奇跡の一千年」を活写。

1866

英語の冒険
M・ブラッグ著／三川基好訳

英語はどこから来てどのように世界一五億人の言語となったのか。一五〇〇年前、一五万人の話者しかいなかった英語の祖先は絶滅の危機を越えイングランドの言葉から「共通語」へと大発展。その波瀾万丈の歴史。

1869

中世ヨーロッパの農村の生活
J・ギース、F・ギース著／青島淑子訳

中世ヨーロッパ全人口の九割以上は農村に生きた。舞台はイングランドの農村。飢饉や黒死病、修道院解散や囲い込みに苦しむ人々は、村という共同体でどう生き抜いたか。文字記録と考古学的発見から描き出す。

1874

外国の歴史・地理

北の十字軍 「ヨーロッパ」の北方拡大
山内 進著（解説・松森奈津子）
「ヨーロッパ」の形成と拡大、その理念と矛盾とは何か？ 中世、ヨーロッパ北方をめざしたもう一つの十字軍が聖戦の名の下、異教徒根絶を図る残虐行為に現代世界の歴史的理解を探る。サントリー学芸賞受賞作。
2033

古代ローマの饗宴
エウジェニア・サルツァ＝プリーナ・リコッティ著／武谷なおみ訳
カトー、アントニウス……美食の大帝国で人々は何を食べ、飲んでいたのか？ 贅を尽くした晩餐から、農夫の質実剛健な食生活まで、二千年前に未曾有の繁栄を謳歌した帝国の食を探る。当時のレシピも併録。
2051

イスラームの「英雄」サラディン 十字軍と戦った男
佐藤次高著
十字軍との覇権争いに終止符を打ち、聖地エルサレムを奪還した「アラブ騎士道の体現者」の実像とは？ ヨーロッパにおいても畏敬の念をもって描かれた英雄の、人間としての姿に迫った日本初の本格的伝記。
2083

西洋中世の罪と罰 亡霊の社会史
阿部謹也著
個人とは？ 国家とは？ 罪とは？ 罰とは？ キリスト教と「贖罪規定書」と告解の浸透……。「真実の告白が、権力による個人形成の核心となる」（M・フーコー）過程を探り、西欧的精神構造の根源を解明する。
2103

フィレンツェ
若桑みどり著
ダ・ヴィンチやミケランジェロ、ボッティチェッリら、天才たちの名と共にルネサンスの栄光に輝く都市。その起源からメディチ家の盛衰、現代まで、市民の手で守り抜かれた「花の都」の歴史と芸術。写真約二七〇点。
2117

大聖堂・製鉄・水車 中世ヨーロッパのテクノロジー
J・ギース、F・ギース著／栗原 泉訳
「暗闇の中世」は、実は技術革新の時代だった！ 建築・武器・農具から織機・印刷まで、直観を働かせ、失敗と挑戦を繰り返した職人や聖職者、企業家や芸術家たちが世界を変えた。モノの変遷から描く西洋中世。
2146